AF359326

LA PETITE ILLUSTRATION

Revue hebdomadaire

publiant les pièces nouvelles jouées dans les théâtres de Paris,
des romans inédits, des poèmes, des critiques littéraires et dramatiques,
des variétés cinématographiques et des études touristiques.

MICHODIÈRE

Métro : OPÉRA — 4 bis, Rue de la Michodière — Matinées : 14 h. 45 - Soirées : 20 h. 45

JEANNE CHEIREL — CHARLES DECHAMPS et RENÉE DEVILLERS

L'ASCENSION DE VIRGINIE

Comédie en 3 actes
de MM. MAURICE DONNAY et LUCIEN DESCAVES

BERTHIER
R_{ITOU} **LANCYL   A. PAYEN**
GEO LECLERCQ
A_{ndré} **DELAVAL H_{enry} PRESTAT**
C. SOLANGE   et   AL-BALA
LUCIEN BAROUX

MATINÉES : Jeudis Dimanches et Fêtes - Location de 11 h. à 18 h. 30 - Tél. Richelieu 95-2

Aucun numéro de La Petite Illustration ne doit être vendu sans le numéro de L'Illustration portant la même date.

ABONNEMENT ANNUEL

L'Illustration et La Petite Illustration réunies : France et Colonies, 175 francs.
Étranger, tarifs énoncés en monnaies nationales ou usuelles et basés sur l'affranchissement variant suivant les pays destinataires :
consulter la page 2 de la couverture de *L'Illustration*.

13, RUE SAINT-GEORGES, PARIS (9e)

En haut, Eve à Félicie : « *Reconduisez Madame... je n'ai plus rien à lui dire.* » — ACTE PREMIER, Scène VII, page 8.
Au milieu, Virginie : « *Pourquoi qu'on se ferait pas une beauté comme les riches?* » — ACTE PREMIER, Scène x, page 10.
En bas, à gauche, La Guithardière : « *Vous désirez toujours avoir le Mérite agricole ?* » — ACTE II, Scène VI, page 17.
En bas, à droite, La Guithardière : « *Ah ! quoi que tu en dises, nous n'avons pas de mauvais souvenirs.* »
ACTE II, Scène x, page 21.
Photographies Henri Manuel.

MAURICE DONNAY ET LUCIEN DESCAVES

de l'Académie française.   de l'Académie Goncourt.

————— •o• —————

L'ASCENSION DE VIRGINIE

COMÉDIE EN TROIS ACTES

————— ⋙⋘ —————

L'Ascension de Virginie a été représentée pour la première fois, le 28 septembre 1929, au théâtre de la Michodière.

————— ⋙⋘ —————

Lyrisse	MM. CHARLES DECHAMPS.
La Guithardière	LUCIEN BAROUX.
Anselme	BERTHIER.
Duval-André	GÉO LECLERCQ.
D'Eguerchin	HENRY PRESTAT.
Yabada	AL-BALA.
Eve	Mmes JEANNE CHEIREL.
Virginie	RENÉE DEVILLERS.
Solange	RITOU LANCYLE.
Gisèle	ANTOINETTE PAYEN.
Simone	ANDRÉE DELAVAL.
Félicie	CAMILLE SOLANGE.

L'ASCENSION DE VIRGINIE

ACTE PREMIER

A Paris, chez les Duval-André, un petit salon luxueux.

Scène première

GISELE, DUVAL-ANDRE

GISÈLE. — Je fais de la musique, tu ne me parles pas.

DUVAL-ANDRÉ. — Je ne te parle pas, parce que tu fais de la musique.

GISÈLE, après avoir arrêté le phonographe. — Qu'est-ce qu'on fait, ce soir ? (Geste de DUVAL-ANDRÉ.) Ça veut dire ?

DUVAL-ANDRÉ. — Ce que tu voudras.

GISÈLE. — Ce n'est pas une réponse... Je ne peux pas donner des ordres pour le dîner sans savoir.

DUVAL-ANDRÉ. — On dînera toujours.

GISÈLE. — C'est assommant de ne jamais savoir ce qu'on fera le soir.

DUVAL-ANDRÉ. — Pas plus assommant que de vouloir à toute force faire quelque chose.

GISÈLE. — Je m'ennuie assez comme ça dans la journée.

DUVAL-ANDRÉ. — Tu t'ennuies ! tu t'ennuies !... tu es à peine rentrée... tu arrives de voyage. Je ne m'ennuie jamais, moi ! Mais toi...

Gestes.

GISÈLE. — Veux-tu un dévidoir ? Tu es insupportable avec tes gestes.

DUVAL-ANDRÉ. — Tu as la bougeotte, tu ne tiens pas en place.

GISÈLE. — Perds donc l'habitude de traduire par des gestes ce que tu pourrais dire comme tout le monde. Tu as l'air d'un enfant qui apprend à se servir de ses mains.

DUVAL-ANDRÉ. — Un grand professeur, au Conservatoire, disait à ses élèves : « Faites le geste avant de parler, ça vous donne plus d'autorité. »

GISÈLE. — Eh bien, termine tes études. Tu m'agaces.

FÉLICIE, entrant. — Madame reçoit-elle ?

GISÈLE. — Si c'est un raseur, non.

FÉLICIE. — C'est M. d'Eguerchin.

GISÈLE. — C'est différent... Qu'il entre !

DUVAL-ANDRÉ. — Il arrive à point. Arrangez quelque chose ensemble, comme d'habitude. Il a de l'imagination, lui... un diplomate ! Et il connaît tous les cabarets sur le bout de la langue.

GISÈLE. — Et puis, avec lui, au moins on sait ce qui se passe dans le monde, sans lire les journaux et dans les romans, sans couper les pages.

Entre d'Eguerchin.

DUVAL-ANDRÉ. — Bonjour, cher ami... vous arrivez à propos. Gisèle s'ennuie, elle a soif de nouvelles.

D'EGUERCHIN entre. — J'en apporte de toutes fraîches.

DUVAL-ANDRÉ. — Tant mieux ! La curiosité de ma femme aime à boire frais. Vous permettez... j'allais sortir.

D'EGUERCHIN. — Vous ne restez pas pour les entendre ?

DUVAL-ANDRÉ. — Non, merci... Un rendez-vous très pressé... Au revoir, cher ami... je vous laisse... (A Gisèle.) Je serai de retour avant cinq heures.

Il sort.

Scène II

GISELE, D'EGUERCHIN

D'EGUERCHIN. — Joie de vous rencontrer... joie rare !

GISÈLE. — Joie partagée. Bonjour, d'Eguerchin.

D'EGUERCHIN. — Bonjour, madame... je ne vous dérange pas ?

GISÈLE. — On ne me dérange jamais quand on vient me distraire un peu. Si je n'avais que mon mari pour me tenir compagnie...

D'EGUERCHIN. — M. Duval-André est toujours très occupé.

GISÈLE. — Oui, mais pas de moi. Et puis si vous

saviez ce que c'est fatigant de vivre aux côtés d'un homme qui ne s'exprime que par gestes.

D'EGUERCHIN. — Il y a des gestes qui remplacent...

GISÈLE. — Pas les siens. Asseyez-vous donc ! Quelles nouvelles ?

D'EGUERCHIN. — Plusieurs.

GISÈLE. — Ça ne m'effraie pas.

D'EGUERCHIN. — Par laquelle voulez-vous que je commence ? Celle qui me concerne ou celle qui vous intéresse... indirectement.

GISÈLE. — Celle-là.

D'EGUERCHIN. — Eh bien, apprenez donc que le divorce de vos parents est prononcé depuis deux heures... J'ai voulu être le premier à vous en avertir.

GISÈLE. — Le jugement a été rendu ?

D'EGUERCHIN. — Oui, cet après-midi, aux torts de monsieur votre père.

GISÈLE. — Je l'espère bien pour madame ma mère... Racontez.

D'EGUERCHIN. — Voilà : je sortais du Café de Paris où j'avais déjeuné et je me dirigeais vers l'Opéra, lorsque j'ai failli être renversé à la hauteur de la rue Louis-le-Grand par une superbe auto que conduisait elle-même...

GISÈLE. — Maman.

D'EGUERCHIN. — Mᵐᵉ La Guithardière en personne... Comment avez-vous deviné ?

GISÈLE. — Le danger que vous avez couru d'être écrasé... Maman n'en est pas à ses coups d'essai. On peut dire que ce sont des coups de maître. Après ?

D'EGUERCHIN. — Elle a arrêté sa voiture et m'a fait des excuses, en riant à belles dents et tandis qu'un agent lui dressait procès-verbal pour je ne sais quoi.

GISÈLE. — Elle non plus... C'est au moins le vingtième.

D'EGUERCHIN. — Elle m'a dit toujours en riant : D'Eguerchin, j'ai une bonne nouvelle à vous annoncer : depuis une demi-heure, je n'ai plus de fil à la patte, je suis divorcée d'avec M. La Guithardière.

GISÈLE. — C'est ce qu'elle appelle une bonne nouvelle.

D'EGUERCHIN. — Votre mère a ajouté avec la même désinvolture : « Faites-en part à vos amis et connaissances. »

GISÈLE. — Je vous remercie d'avoir pensé à moi.

D'EGUERCHIN. — Mᵐᵉ La Guithardière avait plusieurs courses à faire et un essayage à quatre heures.

GISÈLE. — C'est par ses deux filles, Solange et moi, qu'elle finira. Elle est bien aimable.

D'EGUERCHIN. — Ce que je vous ai appris semble vous avoir contrariée.

GISÈLE. — Oh! je m'y attendais.

D'EGUERCHIN. — Somme toute, la mésintelligence était déjà ancienne.

GISÈLE. — On ne peut même pas dire que c'était de la mésintelligence ni même de l'incompatibilité. Ils avaient tous deux l'humeur joviale ; ils passaient leur temps à se faire des blagues... pas même de sales blagues... non, des blagues que chacun de son côté trouvait assez drôles, mais qu'ils ne trouvaient pas drôles en même temps.

D'EGUERCHIN. — Tout est là. Quant à la nouvelle qui me concerne...

GISÈLE. — Ah ! oui, au fait... Allez-y. Ce qui séduit maman dans le divorce, c'est qu'il permet de faire peau neuve à tout âge, enfin de repartir sur de nouveaux frais.

D'EGUERCHIN. — Quant à la nouvelle qui me concerne...

GISÈLE. — Ma sœur et moi, nous allons être obligées de traiter papa et maman comme des enfants difficiles qu'on rend à leurs parents quand ils ont agi sans discernement.

D'EGUERCHIN. — Quant à la nouvelle qui me concerne...

GISÈLE. — Je suis tout oreilles.

D'EGUERCHIN. — Je suis nommé...

GISÈLE. — D'Eguerchin, quel est donc l'auteur qui a dit en parlant de son père : « C'est un enfant que j'ai eu quand j'étais tout petit » ?

D'EGUERCHIN. — Alexandre Dumas fils, je crois.

GISÈLE. — Eh bien, nous, c'est la même chose... papa et maman sont des enfants que nous avons eus quand nous étions toutes petites.

D'EGUERCHIN. — Décidément, je crois que je dois renoncer à vous apprendre la nouvelle qui me concerne.

GISÈLE. — Voilà un quart d'heure que je vous écoute, d'Eguerchin ; vous êtes étonnant, vous n'en finissez pas.

D'EGUERCHIN. — Apprenez donc que je suis nommé attaché commercial en Turquie.

GISÈLE. — Attaché commercial ?

D'EGUERCHIN. — Oui, avec le nom que je porte, on était autrefois attaché d'ambassade. Mais quand on n'a pas d'aptitude spéciale, il ne suffit pas de vouloir être attaché : l'embarras est de savoir à quoi.

GISÈLE. — Evidemment... Enfin, bravo tout de même.

D'EGUERCHIN. — Non, pas bravo.

GISÈLE. — Pas bravo ?

D'EGUERCHIN. — Mon bonheur n'est pas complet, loin de là.

GISÈLE. — Vous connaissez un bonheur complet, vous ?

D'EGUERCHIN. — Je vais partir seul... vous quitter.

GISÈLE. — On s'ennuiera chacun de son côté.

D'EGUERCHIN. — On ne s'ennuierait pas ensemble... En tout cas, je ne m'ennuierais pas, moi.

GISÈLE. — Vous trouvez ça suffisant ? Je ne peux pourtant pas partir avec vous !

D'EGUERCHIN. — Faites-moi au moins espérer que vous viendrez me voir de temps en temps.

GISÈLE. — De temps en temps... à Constantinople ?

D'EGUERCHIN. — Vous n'en êtes pas à un voyage près... Votre mari vous laisse libre... Vous êtes tout le temps sur les routes... Il y a quinze jours, vous étiez à Edimbourg.

GISÈLE. — Tout de même, Constantinople !

D'EGUERCHIN. — C'est plus beau... Le Bosphore... la Corne d'or.

GISÈLE. — Ne me tentez pas ! (Sur ces derniers mots, Solange est entrée.) Ah ! voilà ma sœur.

Scène III

GISELE, SOLANGE, D'EGUERCHIN

GISÈLE. — Bonjour, Solange.

SOLANGE. — Bonjour, ma chérie. (A d'Eguerchin.) Vous ?

D'EGUERCHIN. — Madame...

SOLANGE. — Quelle surprise !

Elle lui tend la main.

D'EGUERCHIN. — Je ne vous demande pas des nouvelles de M. Lyrisse. Je l'ai rencontré hier soir aux Folies-Amoureuses où j'étais allé voir dans la revue cette Arlette Montrésor qui a un tel succès.

SOLANGE. — Il ne m'en a rien dit.

GISÈLE. — Parlons de choses sérieuses. D'Eguerchin a voulu être le premier à nous annoncer que le divorce de nos parents vient d'être prononcé. Enfin, seuls !

SOLANGE. — Si encore nous étions sûres d'avoir la paix, à présent... Mais il nous sera encore plus difficile de les surveiller séparément.

D'EGUERCHIN. — Comment ça ?

SOLANGE. — Quand ils vivaient sous le même toit, nous apprenions toujours par l'un ce que faisait l'autre, nous n'avions qu'à centraliser les renseignements. S'ils se mettent à faire leurs extravagances sans contrôle, où irons-nous ?

GISÈLE. — Où iront-ils ?

SOLANGE. — Ils font inconsciemment mille folies.

D'EGUERCHIN. — Ils jouent avec les allumettes.

SOLANGE. — Avec tout ce qui leur tombe sous la main. Ce sont des parents terribles... On ne peut pas les laisser seuls un moment sans qu'ils cassent quelque chose, n'importe quoi pour s'amuser ! C'est ainsi qu'ils ont cassé leur ménage.

D'EGUERCHIN. — Ils n'ont pas toujours été aussi dissipés ?

SOLANGE. — Non, ce sont des victimes de la guerre.

GISÈLE. — Ah ! cette guerre ! Ceux qu'elle a enrichis sont plus à plaindre que ceux qu'elle a ruinés.

D'EGUERCHIN. — C'est l'opinion des nouveaux riches.

SOLANGE. — Notre père à nous n'est pas un nouveau riche, Dieu merci ! Papa était un de nos grands minotiers. Il a su comprendre que la guerre l'invitait à se surpasser dans sa spécialité. En spéculant sur les blés de provenance américaine, il risquait de perdre.

D'EGUERCHIN. — Moins qu'il n'a gagné, avouez-le.

SOLANGE. — Possible.

D'EGUERCHIN. — Il n'y a pas loin du blé à la galette, pour qui sait y faire. M. La Guithardière a su se servir de ses relations.

SOLANGE. — Il connaissait des hommes politiques... C'est ce que vous voulez dire ?

D'EGUERCHIN. — Exactement.

SOLANGE. — Ainsi on a prétendu qu'il avait été décoré pour bénéfices exceptionnels. C'est faux, on a récompensé sa belle conduite intérieure au début de la guerre : il a mis quatre autos à la disposition d'un membre du gouvernement qui se faisait suivre à Bordeaux par toute sa famille, sa maîtresse et la famille de sa maîtresse. Non, papa n'est pas un nouveau riche, c'est un encore plus riche.

D'EGUERCHIN. — De même qu'il n'y a pas de nouveaux pauvres, mais des encore plus pauvres.

SOLANGE. — Nos parents avaient de la fortune... Cette fortune, considérablement augmentée par d'heureuses spéculations, papa et maman ont voulu en jouir. Ils ont donné l'exemple de la dépense.

GISÈLE. — Maman surtout... Sa main gauche rend ce que la main droite de papa a touché...

D'EGUERCHIN. — Mais alors, qu'est-ce qui a pu désunir ces époux assortis ?

SOLANGE. — Rien... tout... leur existence désordonnée... leur déraillement, quoi ! Ils n'avaient plus qu'une bêtise à commettre : le divorce. C'est fait.

D'EGUERCHIN. — Voyons... il y a tout de même la goutte d'eau qui fait déborder...

SOLANGE. — Le réservoir... oui, il y a eu l'écrasé.

GISÈLE. — La dernière victime de maman.

SOLANGE. — Un imbécile qui a trouvé drôle de se jeter sous son auto.

D'EGUERCHIN. — En voilà une idée!

GISÈLE. — Il en a d'ailleurs été quitte pour des contusions sans gravité. Maman a pu dire qu'elle allait à une allure modérée ; pour moi elle était dans son tort. Le malheur, c'est que papa qui passait au moment de l'accident et qui n'avait pas reconnu l'auto de maman, parce que précisément ce n'était pas son auto qui avait eu les ailes brisées, mais une auto qu'on avait mise à sa disposition au garage en attendant que son auto à elle fût réparée...

D'EGUERCHIN. — Attendez... on a peine à vous suivre...

GISÈLE. — C'est clair, pourtant. Enfin, papa a fourni aux agents contre maman un témoignage accablant. Il a déclaré loyalement que maman n'avait pas corné. A quoi elle a répondu justement : « Ce n'était pas à toi de dire ça... tu es aussi sourd qu'aveugle. » Bref, la faute a été imputée à maman qui a gardé sur le cœur l'intervention bien innocente de papa.

SOLANGE. — Ils étaient d'aussi bonne foi l'un que l'autre.

GISÈLE. — Oh ! toi, tu soutiens toujours maman.

SOLANGE. — Comme tu soutiens papa. Si elle affirme avoir corné, c'est qu'elle a corné. Et puis, quoi, il n'est pas mort, l'accidenté!

GISÈLE. — C'est vrai qu'il ne s'est jamais si bien porté. Il ne fait plus rien. L'assurance lui a versé une indemnité de vingt mille francs.

D'EGUERCHIN. — Alors, de quoi se plaint-il ?

SOLANGE. — L'imprudence de maman a eu d'autres conséquences que tu ne dis pas à M. d'Eguerchin.

GISÈLE. — Lesquelles ?

SOLANGE. — Yabada.

GISÈLE. — Ah ! oui, il y a Yabada.

D'EGUERCHIN. — Quel est ce langage ?

GISÈLE. — Maman, pour conduire à sa place, le cas échéant...

SOLANGE. — Et limiter les chances d'accident...

GISÈLE. — ...A pris un chauffeur noir qui répond au nom de Yabada. Alors papa, pour sortir à son tour de la banalité, a jeté son dévolu sur une femme chauffeuse.

D'EGUERCHIN. — Noire, elle aussi?

GISÈLE. — Non, blanche... blanche, enfin, si l'on veut... tirant un peu sur le jaune.

D'EGUERCHIN. — Comme qui dirait crème.

SOLANGE. — Oui, crème, c'est cela... une chauffeuse crème, Désirée Clochard. Papa ne peut pas encaisser le nègre, et maman ne peut pas souffrir la crème. Divorce.

GISÈLE. — Maman, quand vous l'avez rencontrée tantôt, n'avait pas Yabada à côté d'elle ?

D'EGUERCHIN. — Non, je l'eusse remarqué... Un nègre, ça se voit de loin.

GISÈLE. — En plein jour.

SOLANGE. — Ecoutez... j'entends maman qui arrive en vitesse... et en beauté...

Scène IV

SOLANGE, GISÈLE, D'EGUERCHIN, EVE

Eve. — Bonjour, mes petites chattes... Je vous trouve réunies. Veine ! Suis si pressée... pas une minute à moi. J'ai prié le concierge de veiller sur l'auto... On m'en a déjà volé deux, c'est assez.

Gisèle. — Tu n'as donc pas emmené Yabada ?

Eve. — Il est malade, il s'étiole.

Solange. — Lui, cet hercule !

Eve. — C'est un hercule qui file... mais pas comme l'autre aux pieds de quelqu'un... Le mien file un mauvais coton. Il trouve que Paris manque de soleil et de chaleur. Il ne s'acclimate pas, le pauvre, il réclame la Côte d'Azur... comme si je l'avais sur moi !

Gisèle. — Qu'il prenne de l'exercice autant que moi... ça le réchauffera.

Eve. — Allons, bon ! J'ai fait un accroc à ma robe en tournant la manivelle... Le démarreur était coincé; alors j'ai... (Geste.) Dis à ta femme de chambre de venir m'arranger ça. (Gisèle va sonner.) Il faut que je fasse tout moi-même : j'ai vu le moment où j'allais être obligée de faire la planche sous la voiture pour savoir ce qui nous empêchait de repartir, elle et moi. (A Félicie qui est entrée.) Vous avez des épingles sur vous, Félicie ?

Félicie. — Des épingles ?

Eve. — Eh bien, oui, des épingles, voyez... Il s'agit de réparer cet affront.

Félicie. — Madame ne peut pas s'en aller avec des épingles dans la rue, je vais faire un point... ça sera plus digne de Madame.

Eve. — C'est ça, Félicie, faites un point, si c'est une question de dignité... un point, c'est tout. Stoppez, ma fille. Encore une robe de fichue ! A propos de robe, figurez-vous, mes enfants chéries, que je me suis arrêtée en venant chez Rarahu, la couturière noire à la mode, pour voir le défilé des mannequins.

Gisèle. — Elle ne déteint pas sur les étoffes, ta Rarahu ?

Eve. — Non, et elle a beaucoup de branches.

Gisèle. — Autant qu'un cocotier ?

Eve. — Tu n'es pas sérieuse... Il y avait surtout un pyjama et une robe à danser qui fait bien plus jeune que chez ces deux sœurs dont je ne me rappelle jamais le nom.

Gisèle. — Albert et Albert.

Eve. — C'est ça.

Solange. — Faire jeune, tout est là !

Eve. — Le pyjama est javanais.

Gisèle. — De quel pays est la robe ?

Eve. — La robe est aérienne... Quelques mètres de tulle illusion, deux rangs de perles... une fleur de mousseline, et l'on est habillée... Un rêve !

Solange. — Et ces nouveautés sont baptisées, naturellement ?

Eve. — Oui, le pyjama s'appelle : « Veux-tu ? » et la robe à danser : « Ne le dis pas! »

Solange. — Ça promet.

Eve. — Et ça tient... par des amours de petites bretelles ! Ma foi, je n'ai pas résisté.

Gisèle. — Ne le dis pas!

Eve. — D'autant plus que la première, Mme Madeleine, m'a dit : « Je vous promets qu'avec cette robe-là vous ferez « grande bringue! »

Gisèle. — Oh ! alors...

Eve. — C'est un type, cette Rarahu... toujours fagotée comme quatre sous. N'empêche qu'elle a un goût, ses modèles sont d'un chic ! Si elle avait un peu d'argent pour s'agrandir, sa maison serait bientôt la première de Paris.

Solange. — Tu ne vas pas la commanditer ?

Eve. — Pourquoi pas ?

Gisèle, à Solange. — Ça commence.

Eve. — Eh bien, Félicie, ce n'est pas encore fini ?

Félicie. — Madame remue tout le temps.

Eve. — Si l'on peut dire ! Vous ne trouvez pas qu'on étouffe ici ?

Solange. — Le grand air te convient mieux.

Eve. — Oui, je ne peux plus vivre dans les appartements... J'ai tout de suite un poids sur la poitrine.

Gisèle. — Il faut t'en débarrasser.

Eve. — Je te vois venir... Comme Mme Mautourné... Elle vient de se faire enlever les seins pour avoir la ligne. Quelle vieille folle! Elle en avait déjà un dans la tombe!

D'Eguerchin. — Comme on connaît ses seins, on les enlève.

Félicie, se relevant. — Voilà, Madame.

Eve. — Merci, ma fille... Ça se voyait à peine, maintenant ça crève les yeux... Merci tout de même. (Félicie est sortie.) D'Eguerchin, je pense que vous avez dit à ces petites la nouvelle du jour.

D'Eguerchin. — J'ai cru qu'il n'y avait pas d'indiscrétion de ma part.

Eve. — Aucune... Comme il fallait bien que le divorce fût prononcé aux torts de quelqu'un, il l'a été aux torts d'Hector. Hector, t'as tort, c'est de naissance. Leur père n'en est pas moins leur père, ça, je vous le certifie.

Solange. — Et c'est à nous que le tribunal a confié la garde des parents.

Eve. — Quoi? Vous n'avez pas l'air contentes.

Solange. — Comment donc ! enchantées, ravies... On va envoyer des faire-part et donner un grand dîner !

Eve. — Pourquoi pas? Il n'y a pas lieu de prendre le deuil. Vous ne vous figurez pas que je vais m'ennuyer toute seule. D'abord, on ne s'ennuie jamais toute seule... on ne s'ennuie qu'avec quelqu'un.

Gisèle. — A qui le dis-tu ?

Eve. — Oui, je sais... ton mari a beau être charmant, tu t'ennuies avec lui.

Gisèle. — Pas de la même façon que tu t'ennuyais avec papa.

Eve. — C'est vrai : ton père m'embêtait, il ne m'ennuyait pas.

Solange. — Alors, de quoi te plaignais-tu ?

Eve. — Ah ! mes chères petites, vous en parlez à votre aise. Vous avez des maris qui font vos trente-six volontés. Si seulement votre père en avait fait trente-cinq des miennes... à la rigueur, je ne dis pas, mais il en était arrivé à ne plus rien me passer, à me reprocher jusqu'à mes dépenses.

Solange. — Tu exagères.

Eve. — Quand il a dit devant le juge, à l'entrevue de conciliation, que nous brûlions la chandelle chacun par un bout, il s'est jugé lui-même. Il n'avait qu'à rester tranquille, tandis que je brûlais mon bout.

Gisèle. — C'est une idée qui ne lui est pas venue.

Eve. — Parbleu ! Il préférait me tracasser. Un jour, c'était le nègre; le lendemain, c'était l'écrasé. Oui, d'Eguerchin ne sait pas.

D'Eguerchin. — Si, je sais, madame... on m'a raconté.

Eve. — L'accident dont j'ai été victime... Ne m'en parlez pas, c'est une erreur judiciaire abominable ! Tout le monde était prévenu contre moi... tout le monde... jusqu'à mon mari !... Ce qui ne l'empêche pas de se dire féministe.

Gisèle. — Il l'est sincèrement.

Eve. — Encore une belle invention, le féminisme. Il verra où ça le conduira, lui et son féminisme. Retenez ce que je vous dis.

Gisèle. — Ecoute, maman, tu nous dis tant de choses qu'il nous est bien difficile d'en retenir plus que la moitié.

D'Eguerchin. — Permettez-moi de prendre congé de vous, chère madame... Croyez bien que je fais tous mes vœux pour que l'événement d'aujourd'hui vous ouvre à tous une ère de bonheur.

Eve. — Merci pour l'ère ; d'ailleurs, je vous verrai quelquefois, vous viendrez bien de temps en temps...

D'Eguerchin. — Je ne pense pas, madame.

Eve. — Comment, vous ne pensez pas ?

D'Eguerchin. — Je pars pour la Turquie où je suis nommé attaché commercial.

Eve. — Mes compliments... c'est magnifique !

D'Eguerchin. — Non, madame.

Eve. — Ah ! ce n'est pas magnifique ? Je vous demande pardon, je croyais. Alors, bon voyage, d'Eguerchin, bon voyage.

D'Eguerchin, s'inclinant devant Solange. — Madame, je suis votre serviteur... (Puis s'inclinant devant Gisèle.) Madame...

Gisèle. — Je vous reconduis. (Ils sortent.)

Scène V

SOLANGE, EVE

Eve. — Dis-moi, Solange, d'Eguerchin est amoureux de Gisèle ?

Solange. — Je ne sais pas, moi, maman.

Eve. — Très amoureux, et elle ?

Solange. — Je ne sais pas, maman.

Eve. — Bon ! tu ne veux rien me dire... tu as tort... On peut tout me dire... Une mère divorcée n'est plus une mère, c'est une sœur.

Solange. — Gisèle est une sœur qui ne me fait pas ses confidences.

Eve. — J'aime beaucoup mon gendre. Fernand est un mari accompli. Si Gisèle le trompait, elle aurait tort, mais, bien entendu, je lui donnerais raison... Une mère divorcée est une femme... Et toi, mon enfant, es-tu heureuse avec ton mari ?

Solange. — C'est la première fois depuis que je suis Mme Clément Lyrisse que tu me poses cette question.

Eve. — Depuis que je suis libre, libérée, tout est changé : mes yeux s'ouvrent.

Solange. — Alors tu t'inquiètes de mon bonheur ?

Eve. — Je m'en inquiète. Es-tu heureuse ? Parce que, si tu n'es pas heureuse, il faut divorcer.

Solange. — Tu veux que tout le monde divorce, aujourd'hui.

Eve. — Je ne suis pas égoïste.

Solange. — Clément n'est pas le modèle des maris comme ton autre gendre.

Eve. — Oui, oui, je sais. Clément est dans les parfums, Fernand est dans la flanelle. Il y a, dans leurs caractères, la différence qui existe entre les produits qu'ils vendent. Fernand est sérieux, bon teint, grande largeur. Clément est léger, subtil, volatil.

Solange. — C'est cela même. Mais pourquoi divorcerais-je ? Le divorce, voilà encore qui est démodé. Le mariage, c'est si commode, quand il est bien compris. Clément n'est pas jaloux, moi non plus. On s'entend à merveille.

Eve. — Tu te distrais de ton côté, tu as une liaison ?

Solange. — Mais non, maman, on n'a plus de liaison. Ça ne se porte plus ; et comment veux-tu qu'on se distraie dans... une liaison ?... Se distraire et être liée... ça ne va pas ensemble.

Eve. — Il me semble que ta sœur reste bien longtemps pour reconduire d'Eguerchin. Elle ne le reconduit pas jusqu'en Turquie !

Sur ces mots, Gisèle rentre avec Duval-André.

Scène VI

EVE, SOLANGE, GISELE, DUVAL-ANDRE,
puis FELICIE

Eve. — Ah ! voilà le plus parfait des gendres... Justement, nous parlions de vous.

Duval-André. — De moi, à quel propos ?

Eve. — Vous savez la grande nouvelle, Fernand ?

Duval-André. — Oui, oui, Gisèle m'a dit.

Eve. — Les juges ont jugé, Fernand : je suis libre. Eh bien, vous ne me félicitez pas ?

Duval-André. — Y a-t-il de quoi ?

Eve. — Mais oui.

Duval-André. — M. La Guithardière est toujours... (Geste.)

Eve. — Dans le Midi, oui... C'est étonnant comme je vous comprends. Il devait revenir ces jours-ci... Il est peut-être en route... Nous le verrions arriver d'un moment à l'autre, ça ne m'étonnerait pas.

Entre Félicie.

Gisèle. — Qu'y a-t-il, Félicie ?

Félicie. — Madame, c'est une femme qui voudrait voir la mère de Madame.

Eve. — Moi ?

Félicie. — Oui, Madame.

Eve. — Son nom ?

Félicie. — Mme Coratier.

Eve. — Coratier ? Serait-ce la femme de ma soi-disant victime ? Comment sait-elle que je suis ici ?

Félicie. — Je l'ignore.

Eve. — Jeune, vieille ?

Félicie. — Jeune.

Eve. — Bien mise ?

Félicie. — Une femme dans mon genre... hors du service... enfin, quand je suis habillée.

Eve. — Alors, inutile de vous demander si elle a l'air sympathique.

Félicie. — Elle a surtout l'air de n'avoir pas froid aux yeux.

Eve. — Ça ne signifie rien : on n'a pas tous froid au même endroit. C'est bon, je vais la recevoir ici. (A Gisèle.) Tu veux bien ? (Félicie sort.)

Duval-André. — Sans doute une femme qui vient vous apitoyer ou vous faire chanter.

Eve. — Personne ne me fera chanter aujourd'hui !

Duval-André. — Vous dites ça, mais vous avez un cœur excellent... Je vous mets en garde contre votre cœur. Ne soyez pas faible.

Eve. — Qu'il est prudent... la flanelle !

Duval-André. — Parions que vous chantez. Un bon dîner.

Eve. — Parions que je ne chante pas.

Duval-André. — Entendu.

Eve. — Solange, tu ne t'en vas pas ?

Solange. — Non, je vais par là, chez Gisèle... Nous avons pas mal à causer avec ma sœur et Fernand.

Gisèle, Solange et Duval-André sont sortis.

Scène VII

EVE, VIRGINIE

Virginie. — Bonjour, madame.

Eve. — Bonjour... C'est bien moi, madame du Roncin, que vous désirez voir ?

Virginie. — Vous n'êtes pas Mme La Guithardière ?

Eve. — Non.

Virginie. — Cependant, il n'y a pas, il ne peut pas y avoir d'erreur.

Eve. — J'étais Mme La Guithardière, il y a deux heures... Je suis à présent Mme du Roncin... C'est pourtant bien simple, je suis fraîchement divorcée, tout fraîchement, et comme je suis née du Roncin...

Virginie. — Oui, vous êtes Mme du Roncin... j'ai compris. Eh bien, moi, madame, j'étais Mme Cortier il y a deux heures, je la suis encore.

Eve. — Vous êtes la femme ?...

Virginie. — La femme de l'homme que vous avez écrasé rue de Châteaudun, et c'est à ce titre que je viens vous causer.

Eve. — Asseyez-vous donc, madame, je vous en prie. (Virginie s'assied.) Mais permettez-moi de vous faire observer que je n'ai pas « écrasé » votre mari... Je ne lui ai pas fait grand mal, somme toute... et il a touché vingt mille francs de l'assurance. Qu'est-ce qu'il veut de plus?

Virginie. — Si vous vous figurez que vingt mille francs sont une indemnité suffisante par le temps qui court, et au prix où est le travailleur !

Eve. — Le tribunal a apprécié, n'est-ce pas ?

Virginie. — C'est un tribunal : les sentiments d'humanité ne sont pas son affaire.

Eve. — La mienne non plus.

Virginie. — Si.

Eve. — Ça ne me regarde pas.

Virginie. — Pardon ! Je sais que vous êtes une brave personne qui ne veut pas la mort du prochain.

Eve. — Je l'ai prouvé !

Virginie. — Alors, j'ai pensé : cette brave dame ne nous laissera pas dans l'embarras.

Eve. — Je vous ai mis dans l'embarras, moi?

Virginie. — Et comment ! Une côte enfoncée, des douleurs internes qui interdisent tout effort à mon mari. Il n'est pas mort, mais, pas moins, c'est un accidenté du travail.

Eve. — Qu'est-ce que vous me chantez ? Votre mari ne travaillait pas quand je l'ai renversé.

Virginie. — Non, mais il se rendait à son travail, c'est la même chose. Accidenté du travail vous chiffonne, n'en parlons plus. Mettons « accidenté de la route ». Vous n'en êtes pas moins la cause de l'accident. Il est juste que vous en supportiez les conséquences.

Eve. — Après l'accident, et, spontanément, je vous ai fait porter deux mille francs ; l'assurance vous en a versé vingt mille... vous n'aurez pas un sou de plus.

Virginie. — Je me vois bien mal récompensée de mes ménagements.

Eve. — Quels ménagements, je vous prie?

Virginie. — Je ne suis pas allée chez vous pour ne pas tomber sur M. La Guithardière.

Eve. — Et alors ?

Virginie. — Je n'aurais pas voulu lui attirer des scènes dans son ménage, à cet homme.

Eve — Oh ! ça, maintenant...

Virginie. — Oui, vous vous en balancez ! C'est pourtant bien à vous que je voulais causer... L'assurance, c'est trop commode, le cœur n'a rien à y voir. On prétend que vous avez du cœur, montrez-le.

Eve. — Je montrerai ce que je voudrai... Je n'ai de leçon à recevoir de personne.

Virginie. — Enfin, vous ne voulez rien savoir ?

Eve. — Non, et ne croyez pas m'intimider.

Virginie. — Je ne suis pas venue dans cette intention-là : une simple tentative de conciliation.

Eve. — Très peu pour moi... je sors d'en prendre.

Virginie. — Vous refusez de relever un pauvre ouvrier... réduit à la misère parce que vous l'avez mis en bouillie!

Eve. — Oh ! en bouillie, vous allez fort !

Virginie. — Oui, vous appelez ça un direct dans le buffet... des mots à vous, quoi ! Le buffet a tout de même trinqué et nous danserons bientôt devant.

Cependant Eve a sonné Félicie.

Félicie. — Madame a sonné ?

Eve. — Oui, ma fille, reconduisez madame... je n'ai plus rien à lui dire. J'ai connu des femmes qui avaient du toupet, madame ; mais, comme vous, ça, jamais !... jamais !

Elle sort.

Scène VIII

VIRGINIE, FELICIE, puis LA GUITHARDIERE

Virginie. — Elle est renversante ! Quand on écrase quelqu'un, on pourrait au moins l'écraser poliment.

Félicie. — Vous avez entendu, madame.

Virginie. — Oui, pas aimable, la patronne.

Félicie. — Si on peut dire ! Pour la bonté, la générosité et tout, madame n'en craint pas.

Virginie. — Oui, elle est inoffensive, comme ça, entre quatre murs, mais je ne vous souhaite pas de la rencontrer au coin d'une rue. Tournant dangereux, pour vous.

Félicie. — Oh ! je sors si peu.

Virginie. — C'est plus prudent... J'ai tout de même eu le dernier mot.

Félicie. — Avec Madame, ça m'étonne.

Virginie. — C'est pourtant comme ça, ma fille...

La Guithardière, entrant. — Bonjour, Félicie.

Félicie. — Bonjour, Monsieur. Ah ! Monsieur est revenu.

La Guithardière. — Comme vous le voyez. Madame est ici, j'ai vu son auto en bas.

Félicie. — Madame est ici... oui, Monsieur.

La Guithardière, montrant Virginie. — Quelle est cette personne ?

Félicie. — C'est une dame.

La Guithardière. — Je le vois bien.

Félicie. — Elle n'est pas contente de Madame... de Mme La Guithardière.

La Guithardière. — A quel sujet ?

Félicie. — Je crois que c'est une écrasée de Madame.

La Guithardière. — Non !... Encore une ?... Présentez-moi.

Félicie. — Monsieur veut rire.

La Guithardière. — Pourquoi pas ? D'autant plus qu'elle ne paraît ni moche, ni amochée, la victime de ma femme... Laissez-nous, Félicie.

Félicie est sortie.

Scène IX

VIRGINIE, LA GUITHARDIERE

La Guithardière. — Voulez-vous me permettre de me présenter moi-même, madame ? Monsieur La Guithardière.

Virginie. — Le mari de Mme La Guithardière ?

La Guithardière. — Je le fus... mettez que je le suis encore. Ça n'a aucune espèce d'importance.

Virginie. — Je suis bien contente de vous connaître, monsieur.

La Guithardière. — Le plaisir est partagé... Donnez-vous donc la peine...

Virginie. — Monsieur La Guithardière... c'est vous ! Il y a si longtemps que je désire vous voir.

La Guithardière, confus. — En vérité...

Virginie. — Pour vous remercier.

La Guithardière. — Me remercier ? De quoi ?

Virginie. — De votre témoignage, grâce à quoi votre dame a été condamnée.

La Guithardière. — Vous êtes madame Coratier ?

Virginie. — Lui-même... Virginie Coratier, la femme de Fortuné Coratier, le pauvre homme que Mme La Guithardière a renversé rue de Châteaudun, au carrefour.

La Guithardière. — Ah ! ça, par exemple !

Virginie. — Croyez-vous que c'est drôle ?... Je parle de notre rencontre ici.

La Guithardière. — Oui, ne confondons pas.... La femme de Fortuné Coratier ! Fortuné, en effet.

Virginie. — Je ne trouve pas.

La Guithardière. — Je veux dire de vous avoir pour femme.

Virginie. — Trop aimable... pour ce que votre dame ne l'est pas assez.

La Guithardière. — Ça fait une moyenne... Vous connaissez Mme La Guithardière ?

Virginie. — Très peu, mais c'est suffisant... Je viens d'avoir une conversation avec elle.

La Guithardière. — Et elle n'a pas été aimable ?

Virginie. — Elle m'a reçue !

La Guithardière. — Mais à quel propos ?

Virginie. — A propos de l'accident.

La Guithardière. — Il y a quelque chose que vous ne savez pas, sans doute : c'est que vous êtes plus ou moins la cause de notre divorce.

Virginie. — Moi ?

La Guithardière. — Vous, pas positivement... la communauté.

Virginie. — Pas possible !

La Guithardière. — Mme La Guithardière ne m'a pas pardonné d'avoir déclaré qu'elle n'avait pas corné, lorsqu'elle soutenait avoir corné.

Virginie. — Lequel de vous deux disait la vérité ?

La Guithardière. — Toute vérité n'est pas bonne à dire... en voici une preuve. Et ce fut en dernier ressort la cause de notre divorce.

Virginie. — Je comprends : Mme La Guithardière m'en veut.

La Guithardière. — Elle ?... Elle est enchantée, au contraire.

Virginie. — C'est ce que je me disais ; elle n'avait pas l'air de se frapper... Ça n'empêche pas qu'elle m'a traitée comme la dernière des dernières.

La Guithardière. — Oh !

Virginie. — Comme une aventurière !

La Guithardière. — Oh ! vous si gentille !

Virginie. — Moi si gentille.

La Guithardière. — C'est inconcevable !

Virginie. — Etre traitée comme une étrangère, vous admettez ça, vous ?

La Guithardière. — Non, pas du tout.

Virginie. — Quand on veut que quelqu'un vous soit étranger, on ne commence pas par lui passer sur le corps.

La Guithardière. — Ça ne fait pas de doute... Vous avez droit à des égards.

Virginie. — A des égards, c'est ça. Si vous l'aviez entendue... « Vous n'aurez pas un sou de plus... et ne croyez pas m'intimider... » et ratati... ratata ; tout ça parce que je lui disais qu'on ne va pas loin avec vingt mille francs, les vingt mille francs que nous avons reçus de l'assurance, quand Fortuné a été touché dans une côte.

La Guithardière. — Je croyais que c'était rue de Châteaudun.

Virginie. — Dans une côte, ici, quoi !

Elle se touche la poitrine.

La Guithardière. — Oh ! pardon. Pourtant, vingt mille francs, c'est un joli denier.

Virginie. — Ah ! si vous dites comme votre dame.

La Guithardière. — Mais votre mari se rétablira... Il a été si légèrement atteint.

Virginie. — Légèrement, légèrement... Il n'en est pas moins impropre.

La Guithardière. — A quoi ?

Virginie. — Impropre à rien.

La Guithardière. — Suites de son accident ?

Virginie. — Il dit que, quand on a éprouvé une commotion pareille, on n'a pas trop de toute sa vie pour s'en remettre.

La Guithardière. — Quel âge a-t-il ?

Virginie. — Six de plus que moi.

La Guithardière. — Ça fait exactement ?

Virginie. — Comptez... j'ai peur de me tromper à mon désavantage.

La Guithardière. — Alors, mettons trente ans.

Virginie. — Si vous voulez.

La Guithardière. — Et moi qui le croyais guéri !

Virginie. — Il ne le sera jamais !

La Guithardière. — Que sait-il faire ?

Virginie. — La couverture.

La Guithardière. — Hein ?

Virginie. — Il était couvreur de son état.

La Guithardière. — Et il ne pourra plus l'exercer ?

Virginie. — Comment voulez-vous ? Il a un traitement à suivre : c'est interminable.

La Guithardière. — Mais quelle maladie lui a-t-on reconnue ?

Virginie. — Il est atteint de fascination.

La Guithardière. — De fascination ? Qu'est-ce que c'est que ça ?

Virginie. — Il ne peut plus voir une auto sans avoir envie de se jeter dessous. C'est plus fort que lui... Vous riez, on voit bien que vous n'êtes pas à sa place.

La Guithardière. — Oh ! à sa place, sur les toits, je résisterais davantage à la tentation.

Virginie. — Ne croyez pas ça ! Il a envie de se jeter de plus haut, voilà tout ; il a le vertige.

La Guithardière. — Et il n'y était pas sujet ?

Virginie. — Avant sa catastrophe, non.

La Guithardière. — Mais il y a d'autres métiers que celui de couvreur ?

Virginie. — Lesquels ?

La Guithardière. — Lesquels... des tas... je ne sais pas, moi. Je ne demande pas mieux que de chercher dans mes relations. Il me serait agréable de vous être utile. A votre âge, une petite femme sympathique comme vous l'êtes ne doit pas avoir l'inquiétude du lendemain.

Virginie, larmes dans la voix. — C'est pénible... je vous assure que c'est pénible.

La Guithardière. — Mais oui... mais oui... Voyons, voyons... il y a longtemps que vous êtes mariée ?

Virginie. — Cinq ans.

La Guithardière. — Vous aimez votre mari ?

Virginie. — C'te question ! Bien sûr que je l'aime.

La Guithardière. — Ça ne fait rien... Vous êtes dans la peine, il faut vous tirer de là... Laissez-moi faire... Voulez-vous me laisser faire ?

Virginie. — Ça n'est pas de refus.

La Guithardière. — J'ai deux gendres dans la grande industrie. Il me paraît facile de procurer à votre mari, dans leurs bureaux, un emploi où il n'aura pas le vertige.

Virginie. — Vous croyez ? Que font-ils, ces messieurs ?

La Guithardière. — L'un, Clément Lyrisse, est dans les fards.

Virginie. — Pour automobiles ? Ça va encore lui rappeler...

La Guithardière. — Mais non. Lyrisse est fabricant de fards pour la toilette, le visage, la peau.

Virginie. — Ah! si c'est pour la peau !

Sur ces derniers mots, Lyrisse est entré.

Scène X

VIRGINIE, LA GUITHARDIERE, LYRISSE

Lyrisse, entr'ouvrant la porte. — Oh ! pardon.

La Guithardière. — Ah ! c'est vous, mon bon Clément. Entrez, entrez.

Lyrisse. — Bonjour, beau-père. Vous voilà de retour. J'ai appris la nouvelle de votre divorce. Félicitations sincères. Mais je ne veux pas vous déranger, nous parlerons de ça tout à l'heure.

La Guithardière. — Non, non, restez.

Lyrisse. — Je ne suis pas indiscret ?

La Guithardière. — Au contraire... vous tombez bien. Vous allez peut-être nous donner une idée.

Lyrisse. — Sur quoi ?

La Guithardière. — Il faut d'abord que je vous présente mon gendre, Clément Lyrisse, dont je vous parlais à l'instant. Madame Coratier, la femme de l'ouvrier que votre belle-mère a bousculé.

Virginie. — Ecrasé.

Lyrisse. — Enchanté, madame, de faire votre connaissance.

La Guithardière. — En deux mots, voici. Mais, asseyez-vous donc, madame... Asseyez-vous, cher ami. Le mari de madame Coratier, qui était couvreur, ne peut plus exercer son métier : à la suite de son accident, il est devenu sujet au vertige.

Virginie. — Fascination.

Lyrisse. — Qu'est-ce qu'elle dit ?

La Guithardière. — Oui... à la fascination.

Lyrisse. — C'est amusant.

Virginie. — Vous trouvez ?

Lyrisse. — Je veux dire que c'est curieux.

La Guithardière. — Alors je disais à madame que, peut-être, dans vos bureaux...

Virginie. — C'est monsieur qui est dans les fards ?

Lyrisse. — Oui, madame, c'est moi-même. Vous avez pu voir sur tous les murs la réclame pour mes produits, les fards Lyrisse. Une petite ouvrière devant son miroir, le miroir que vous avez, je le parie, dans ce joli sac.

Virginie. — Tiens ! Parbleu !

Lyrisse. — Elle a une houppette à poudre de riz dans une main et, dans l'autre main, un bâton de rouge. La devise est: « Mon fard éclaire en plein jour. »

Virginie. — Oui, j'ai vu, c'est rigolo.

Lyrisse. — C'est mieux que ça : démocratique... démocratique et social. Il faut un fard pour le peuple... Le peuple ne vit pas de pain seulement, il a droit à l'illusion.

Virginie. — Tiens! Pourquoi qu'on ne se ferait pas une beauté comme les riches ?

Lyrisse. — Oui, vous avez compris.

La Guithardière. — Elle comprend très vite.

Cependant Virginie a ouvert son sac et, devant son miroir, se met du rouge aux lèvres.

Lyrisse. — Ah !

La Guithardière. — Quoi donc ?

Lyrisse. — Regardez-la. C'est mon affiche !

La Guithardière. — En effet. C'est prodigieux !

Lyrisse. — C'est à croire que c'est elle qui a posé. C'est fantastique ! Les fards Lyrisse, qui s'adressent exclusivement aux classes laborieuses, n'ont pas dit leur dernier mot. Si j'ai le plaisir de vous revoir, vous me permettrez de vous en offrir un échantillon dans une petite boîte qui sera un bijou.

Virginie. — Merci pour le bijou. Et l'autre ?

Lyrisse. — Quel autre ?

Virginie. — Monsieur La Guithardière me disait qu'il avait deux gendres.

La Guithardière. — Ah ! oui ! Eh bien, l'autre, Duval-André, qui demeure ici, a fait fortune pendant la guerre dans les ceintures de flanelle.

Lyrisse. — D'où le surnom de flanelle qu'on lui a donné.

Virginie. — Les fards, c'est plus plaisant.

Lyrisse. — Oh ! je crois bien.

Virginie. — Mais je ne vois pas Coratier enfermé dans un bureau à faire des écritures.

La Guithardière. — Il n'est pas nécessaire qu'il fasse des écritures... Il pourrait être garçon de bureau.

Lyrisse. — Gardien..., veilleur de nuit.

Virginie. — Veilleur de nuit, je vous remercie. Et moi, qu'est-ce que je ferais pendant ce temps-là ?

LYRISSE, riant. — C'est vrai.

VIRGINIE. — Garçon de bureau, un homme habitué à travailler en plein air et en chantant.

LA GUITHARDIÈRE. — Vous en connaissez, vous, des métiers où l'on travaille encore en chantant ? Aujourd'hui, on travaille en pensant qu'une Hispano coûte deux cents billets et qu'une côtelette coûte quatre francs, selon la classe où le sort vous fit naître. Non, non, on ne travaille plus en chantant !

LYRISSE. — A moins de faire entrer votre mari dans les chœurs, à l'Opéra, en supposant qu'il ait de la voix.

VIRGINIE. — Une voix superbe, mais il chante faux.

LYRISSE. — N'en parlons plus.

VIRGINIE. — Je voudrais pour lui un métier où il y ait de la sécurité et de l'avenir...

LA GUITHARDIÈRE. — De la sécurité, il n'en avait pas beaucoup comme couvreur.

VIRGINIE. — Il couvre bien, vous savez.

LYRISSE. — Très drôle !

VIRGINIE. — J'amuse beaucoup Monsieur.

LYRISSE. — Ah ! ça, vous pouvez le dire.

LA GUITHARDIÈRE. — Quant à l'avenir... on est ambitieuse ?

VIRGINIE. — Depuis l'accident... depuis qu'on a touché vingt mille francs de l'assurance, oui.

LA GUITHARDIÈRE. — Vous trouviez que ce n'était pas assez, tout à l'heure.

VIRGINIE. — Ce n'est pas assez pour rester toute sa vie sans rien faire. C'est assez pour vous donner le goût de gagner son argent facilement.

Les deux hommes se regardent.

LYRISSE. — Elle raisonne très juste.

LA GUITHARDIÈRE. — Evidemment, évidemment... tout ça n'est pas très commode.

LYRISSE. — Il faut absolument trouver quelque chose pour son mari. Mais, j'y pense, il y a un métier où l'on travaille en plein air, assis tout le temps, où l'on peut même chanter à tue-tête si l'on tient absolument à se faire remarquer.

VIRGINIE. — Quel métier ?

LYRISSE. — Chauffeur.

VIRGINIE. — Oh !

LA GUITHARDIÈRE. — Oh ! Oh !

LYRISSE. — Qu'est-ce qui vous prend ?

VIRGINIE. — Vous voulez sa mort !

LYRISSE. — A qui ?

VIRGINIE. — A Fortuné.

LYRISSE. — Fortuné ?

LA GUITHARDIÈRE. — Son mari.

VIRGINIE. — Avec sa fascination !

LYRISSE. — Sa fascination.

LA GUITHARDIÈRE. — Il faut vous dire, mon bon ami, que, dans la rue, les troubles nerveux de M. Coratier prennent une forme singulière: il a envie de se jeter sous toutes les voitures.

VIRGINIE. — Oui, rendez-vous compte.

LYRISSE. — Mais, justement, quand il sera sur sa voiture, il n'aura plus que l'envie d'écraser les autres... Le désir de la vengeance sera plus fort que la fascination, et un bon chauffeur de taxi peut se faire d'excellentes journées... Il est intelligent, votre mari ?

VIRGINIE. — Mmmmh !

LYRISSE. — Très intelligent, c'est ce que je pensais.

VIRGINIE. — Mais c'est inutile d'essayer.

LA GUITHARDIÈRE. — Pourtant Lyrisse a raison.

VIRGINIE. — C'est de la folie.

LA GUITHARDIÈRE. — Parlez-lui-en tout de même. Dites-lui que je lui ferai donner des leçons.

VIRGINIE. — En supposant, il ne consentira jamais à faire du taxi.

LYRISSE. — Il n'est pas indispensable qu'il fasse du taxi... Il peut entrer dans une bonne maison. (A La Guithardière.) Chez vous, par exemple.

LA GUITHARDIÈRE. — Ou chez vous.

LYRISSE. — Je dis chez vous parce qu'il ne conduirait pas tout de suite à Paris, il s'entraînerait à la campagne. Mon beau-père a une propriété à Montfort, aux environs d'Orléans, dans un pays plat. L'air est pur, les routes sont larges... vous lui feriez d'abord conduire des amis.

LA GUITHARDIÈRE. — Bien entendu.

VIRGINIE. — Je veux bien lui en parler... Où dites-vous que c'est, cette propriété ?

LA GUITHARDIÈRE. — A Montfort, Montfort-le-Coffre.

VIRGINIE. — Drôle de nom.

LA GUITHARDIÈRE. — C'était autrefois Montfort-la-Bataille, en souvenir du siège que soutint la forteresse sous Louis XI...

LYRISSE. — Mais, depuis que des moulins l'ont remplacée et que mon beau-père est maire du pays...

LA GUITHARDIÈRE. — Oui, je suis maire.

LYRISSE. — On l'appelle Montfort-le-Coffre et même Mon-Coffre-Fort, pour indiquer que la vieille citadelle féodale est devenue une des forteresses du capital.

VIRGINIE, rêveuse. — Une forteresse du capital... C'est pas la Banque de France ?

LYRISSE. — Non, la Banque de France, c'est la forteresse des capitaux.

LA GUITHARDIÈRE, entre haut et bas, à Lyrisse. — Elle n'a rien compris.

LYRISSE, regardant Virginie qui se met encore du rouge. — C'est épatant tout de même ce qu'elle ressemble à mon affiche... Et vous vous servez de mes produits, madame ?

VIRGINIE. — Je n'en supporte pas d'autres.

LYRISSE. — A la bonne heure !... Permettez-moi dorénavant de vous les offrir.

VIRGINIE. — Oh! monsieur.

LYRISSE. — C'est bien le moins.

LA GUITHARDIÈRE, à Virginie. — Plus j'y réfléchis, plus je trouve que mon gendre a raison... Chauffeur ! Après notre conversation, c'est le dernier métier auquel j'aurais pensé pour votre mari, je l'avoue. Et maintenant... maintenant, je me demande comment je n'y ai pas pensé tout de suite.

LYRISSE. — Parbleu !

LA GUITHARDIÈRE. — Voulez-vous m'accorder un don de prophétie, madame Coratier ?

Il lui prend la main.

VIRGINIE. — Ne me faites pas peur !

LA GUITHARDIÈRE. — Mais non !... Je le vois, moi, votre avenir... il est dans l'automobile.

VIRGINIE. — Non ?

LA GUITHARDIÈRE. — Si... laissez-moi faire ! Revenez me voir à Montfort avec ou sans Coratier... Téléphonez-moi le matin, pour être sûre de me rencontrer. Voici mon adresse.

Il lui donne sa carte.

VIRGINIE. — Et voici la nôtre.

LYRISSE, à qui elle a également donné une carte. — Mâtin, quel bristol !

VIRGINIE. — On s'est fait faire des cartes depuis l'accident.

LA GUITHARDIÈRE, lisant. — *Infortuné Coratier, piéton, accidenté de la route.* Infortuné ?

VIRGINIE. — Depuis l'accident.

LYRISSE. — Il approprie son nom aux circonstances. C'est ingénieux.

VIRGINIE. — Grâce à vous, il va redevenir Fortuné.

LA GUITHARDIÈRE. — Espérons-le... comptez sur moi pour ça...

VIRGINIE. — Au revoir, monsieur.

LA GUITHARDIÈRE. — Au revoir, madame. Très heureux de m'être trouvé là pour effacer la mauvaise impression que vous avait laissée votre entrevue avec ma femme.

VIRGINIE, à Lyrisse. — Au revoir, monsieur.

LYRISSE. — Au revoir, madame, n'oubliez pas ce que je vous ai promis. Quand vous aurez besoin de poudre, de fards, vous n'avez qu'à venir à mon bureau... je vous en remettrai toujours une petite quantité.

VIRGINIE. — Une petite quantité ?

LYRISSE. — Pour que vous reveniez plus souvent.

VIRGINIE. — Ah ! Je comprends !...

Elle sort en riant.

LA GUITHARDIÈRE. — Singulière petite femme ! Il n'y a que Paris pour produire ça.

Scène XI

LA GUITHARDIERE, EVE, SOLANGE, LYRISSE, puis GISELE et DUVAL-ANDRÉ, puis YABADA, un instant.

EVE, entrant. — Bonjour, Hector.

LA GUITHARDIÈRE. — Bonjour, Eve.

SOLANGE. — Bonjour, papa.

EVE. — Mme Coratier a obtenu ce qu'elle voulait ? Elle est restée un bon moment.

LA GUITHARDIÈRE. — Elle est très gentille.

EVE. — C'est ce que je disais. Il y a longtemps que tu es rentré ?

LA GUITHARDIÈRE. — Ce matin... Après déjeuner, j'ai reçu un coup de téléphone de mon avoué et ma première visite est pour vous.

SOLANGE. — Tu as fait bon voyage ?

LA GUITHARDIÈRE. — Pas mauvais, merci.

LYRISSE. — Bonjour, belle-maman.

EVE. — J'ai horreur qu'on m'appelle belle-maman.

SOLANGE. — Tu as honte d'être née avant nous.

EVE. — Je le sais bien que je suis née avant vous... je n'ai pas besoin qu'on me le rappelle à tout bout de champ.

LYRISSE. — Alors, c'est fait ?

EVE. — Ah ! vous savez ?

LYRISSE, à Solange. — On ne parle que de ça dans tout Paris... J'ai appris la nouvelle chez ton coiffeur qui est aussi le mien. Alors, je suis venu ici pensant bien trouver la famille réunie. (Entrent Gisèle, Duval-André.) Et, en effet...

EVE. — Rien ne va plus nous empêcher de mettre ordre à nos affaires.

LA GUITHARDIÈRE. — On a le temps.

EVE. — Ce n'est pas fini ?

LA GUITHARDIÈRE. — Il y a encore la signification du jugement, un mois, et puis les délais d'appel... deux mois. On a environ trois mois pour se retourner.

EVE. — Bon. L'important, en définitive, c'est de ne pas se retourner sur le gril.

LYRISSE. — Tout de même, vous ne pourrez pas vous remarier avant un an.

EVE. — Oui, je sais, rapport à l'enfant que j'aurais pu concevoir de M. La Guithardière... Invraisemblance ! Quant à me remarier jamais, folie !

GISÈLE. — En principe, vos arrangements restent les mêmes.

EVE. — Oui, oui, oui.

LA GUITHARDIÈRE. — Votre mère continuera d'habiter notre hôtel de la rue Matignon et j'irai passer l'été dans notre maison de Montfort, en attendant que j'aie trouvé un appartement de garçon.

LYRISSE. — Parfait, parfait.

EVE. — Qu'est-ce qu'on fait, ce soir, Fernand ?

DUVAL-ANDRÉ. — Comment, qu'est-ce qu'on fait ?

EVE. — Oui, vous avez perdu votre pari. Mme Coratier ne m'a pas eue... Si vous nous invitiez tous à dîner au restaurant ?

DUVAL-ANDRÉ. — Ce soir ?

EVE. — C'est le soir d'un beau jour.

LYRISSE. — Il faut le célébrer.

LA GUITHARDIÈRE. — Excellente idée. Regardez-nous, mes enfants, regardez-nous. Vous ne trouvez pas que nous présentons l'image d'une famille moderne bien unie, malgré les apparences ?

LYRISSE. — Ça peut se soutenir.

LA GUITHARDIÈRE. — Nous n'avons plus l'air d'être rassemblés comme on l'était autrefois, au jour de l'An, pour se congratuler entre parents qui ne peuvent pas se sentir.

DUVAL-ANDRÉ. — Alors, où voulez-vous dîner, chère amie ?

EVE. — Si vous nous invitiez au *Bœuf sur la Langue.*

DUVAL-ANDRÉ. — C'est bien fréquenté ?

EVE. — Un monde fou : la politique, la finance, le barreau, la presse.

DUVAL-ANDRÉ. — Va pour le *Bœuf sur la Langue.*

EVE. — Et, après, Lyrisse nous emmènera voir la Revue des Folies-Amoureuses : *Qu'est-ce que je prends ?* Il y a là-dedans une petite femme, Arlette, je crois, n'est-ce pas, Lyrisse ? qui chante ce refrain et toute la salle avec elle. Qu'est-ce que j'prends ?

> *J'prends la poudre, la poudre,*
> *La poudre d'escampette,*
> *Et mon rouge, mon rouge,*
> *Montrouge-Gare de l'Est.*

SOLANGE. — C'est plein d'esprit.

LYRISSE. — Oh ! ça ne casse rien.

EVE. — Pas même un ménage. Si c'est une réclame pour vos produits, mon cher, vous avez dû y mettre le prix, mais vous en avez pour votre argent... je vous félicite.

Sur ces derniers mots, Félicie est entrée.

FÉLICIE. — Madame, c'est le noir de Madame qui voudrait parler à Madame. Il a quelque chose d'important à dire à Madame... du moins j'ai cru comprendre.

EVE. — Faites-le entrer.

LYRISSE. — Il manquait à cette petite fête de famille.

LA GUITHARDIÈRE. — Je l'ai en horreur !

Cependant, Yabada est entré.

EVE. — Qu'est-ce que tu veux ? Pourquoi me cherches-tu ?

YABADA. — Moi m'ennuie... ti seul à la maison.

Eve. — La femme de chambre et la cuisinière y sont aussi.

Yabada. — La cuisinière, pas société pour moi.

Lyrisse. — C'est un fils de roi.

Eve. — Allons, va prendre ma place au volant. J'irai dans la voiture. Je ne peux pas sentir autour de moi des gens qui ont le cafard.

Lyrisse. — Surtout quand ils ont le noir à l'état permanent.

Eve. — Oh ! lui, son fard n'éclaire pas en plein jour. Epatante, vous savez, Lyrisse, votre nouvelle affiche.

Lyrisse. — Je suis heureux qu'elle vous plaise.

Eve. — Mais voulez-vous mon opinion, à moi ?

Lyrisse. — Je la sollicite.

Eve. — Ce qui manque à vos fards pour les classes laborieuses, je vais vous le dire : il leur manque des noms suggestifs, comme en portent les parfums de luxe.

Lyrisse. — Mes essences et mes poudres ont des noms aussi.

Eve. — Ils ne chantent pas, ils ne se retiennent pas ; je ne sais pas comment vous faites.

Lyrisse. — Je ne le fais pas exprès.

Eve. — Vous n'avez donc pas d'imagination ?

Lyrisse. — Moins que vous.

Eve. — Il faudrait des noms moins distingués que les autres, mais distingués tout de même... et, pourtant, populaires.

Solange. — Propose.

Eve. — Je ne sais pas, moi, je n'ai pas réfléchi, et je ne suis pas romancier. Il me semble que quelque chose comme : « Penses-tu ? », ou bien : « Rien que ta fleur ! », ou bien : « Sous la mousse », ça plairait. Enfin, vous trouverez. Cherchez, c'est votre affaire ! Au revoir, mes enfants chéris, à ce soir 8 heures. *Bœuf sur la Langue.* (A La Guithardière.) Je ne peux pas te jeter quelque part en passant ?

La Guithardière. — Si... au Club des Fines Gueules.

Eve. — Attends. (Elle consulte son carnet.) Modiste... Fourreur. Institut de Beauté... et ma mise en plis que j'oubliais ! Et tout ça avant six heures ! Enfin, je me débrouillerai. Viens.

Ils sortent. Gisèle et Solange les accompagnent.

Duval-André. — Elle est charmante !

Lyrisse. — Elle est légère.

Duval-André. — C'est égal... voilà des parents qui vont nous donner bien... bien... (Gestes.)

Lyrisse. — Bien du tourment.

Duval-André. — J'allais le dire.

RIDEAU

━━━━━✖━━━━━

ACTE II

A Montfort, chez La Guithardière.

Au premier plan, un jardin devant la maison de belle apparence dont le perron est à droite.

Scène première

LYRISSE, SOLANGE

Elle est à l'ombre d'un marronnier et lit.

Lyrisse, *descendant les marches du perron.* — Où donc est ton père ?

Solange. — Je ne sais pas.

Lyrisse. — Tu ne l'as pas vu ?

Solange. — Non, le jardinier m'a dit qu'il était parti de bon matin, comme d'habitude.

Lyrisse. — D'habitude, à la campagne, il se levait tard.

Solange. — Nous ne sommes ici que depuis hier soir, nous ne connaissons pas ses habitudes.

Lyrisse. — L'année dernière, il aimait faire la grasse matinée.

Solange. — Oui, mais cette année... après son divorce, il est peut-être devenu un homme nouveau.

Lyrisse. — Il est devenu surtout un homme préoccupé... Je ne sais pas jusqu'à quel point nous lui avons fait plaisir, en nous invitant à venir passer ici le *week end.*

Solange. — Si nous l'avions dérangé, il nous aurait dit gentiment de rester chez nous. Au lieu qu'il a invité les Duval-André à venir nous rejoindre.

Lyrisse. — Il a l'air absorbé.

Solange. — Il regrette peut-être maman. Maman était une animatrice... On a reçu beaucoup de monde ici, quand elle y était.

Lyrisse. — Le fait est que l'on n'y venait pas pour se reposer. Mais notre mère Eve ne lui manque pas à ce point. Non, non, si ton père est préoccupé, sois persuadée que ta mère n'y est pour rien. Je croirais plutôt qu'il est amoureux.

Solange. — Encore !

Lyrisse. — Toujours.

Solange. — A son âge ?

Lyrisse. — La belle âge !

Solange. — Amoureux de qui ? Il ne vient jamais à Paris... Il n'a pas quitté Montfort depuis un mois.

Lyrisse. — Justement ! Etant donné ses goûts, la personne, jeune naturellement, est une femme d'ici.

Solange. — Du pays ?

Lyrisse. — Pas nécessairement. Je veux dire qui habite ici.

Solange. — Tu la connais ?

Lʏʀɪssᴇ. — Tiens, Anselme vient de ce côté. C'est un vieux malin qui doit savoir bien des choses.

Soʟᴀɴɢᴇ. — Interroge-le donc... adroitement.

Scène II

SOLANGE, LYRISSE, ANSELME

Soʟᴀɴɢᴇ. — Bonjour, Anselme.

Aɴsᴇʟᴍᴇ. — Bonjour, madame Lyrisse.

Soʟᴀɴɢᴇ. — Fera-t-il beau aujourd'hui, Anselme ?

Aɴsᴇʟᴍᴇ. — Je vous dirai ça ce soir, madame Lyrisse.

Soʟᴀɴɢᴇ. — Anselme ne veut pas se compromettre.

Aɴsᴇʟᴍᴇ. — Dans le temps, on pouvait prévoir le temps ; mais, en ces temps-ci, le temps change tout le temps... Tout va de travers... Il y a quelque chose de détraqué là-haut.

Lʏʀɪssᴇ. — A quoi attribuez-vous ces orages continuels, Anselme ?

Aɴsᴇʟᴍᴇ. — Pour moi, c'est rapport à la télégraphie sans fil.

Lʏʀɪssᴇ. — Croyez-vous ? Il y avait des ondes hertziennes avant cette invention.

Aɴsᴇʟᴍᴇ. — Je ne vous dis pas... Mais les ondes que vous dites, on les laissait tranquilles, avant ! On leur f... bien la paix. Si on vient les déranger à chaque instant pour donner des concerts, pour qu'on entende chanter un tas de messieurs-dames...

Lʏʀɪssᴇ. — Ça fait pleuvoir, c'est évident... Dites-moi, Anselme, vous ne savez pas de quel côté mon beau-père s'est dirigé ?... J'irais au-devant de lui.

Aɴsᴇʟᴍᴇ. — Il n'y a pas lieu.

Lʏʀɪssᴇ. — Qu'est-ce que ça veut dire : il n'y a pas lieu ?

Soʟᴀɴɢᴇ. — Allons, parlez.

Aɴsᴇʟᴍᴇ. — Ça veut dire que Monsieur ne tient pas à ce qu'on sache où il va.

Lʏʀɪssᴇ. — A la mairie, sans doute, remplir ses fonctions.

Aɴsᴇʟᴍᴇ. — A la mairerie, comme ça, dès le matin ?

Soʟᴀɴɢᴇ. — Anselme nous cache quelque chose, quelque chose qu'il va nous dire tout de suite, s'il aime réellement son bon maître et si la tranquillité de papa est menacée.

Aɴsᴇʟᴍᴇ. — Vous parlez !

Soʟᴀɴɢᴇ. — Papa n'est pas tranquille ici ?

Aɴsᴇʟᴍᴇ. — Bien moins que du vivant de madame.

Soʟᴀɴɢᴇ. — Maman n'est pas morte, Dieu merci !

Aɴsᴇʟᴍᴇ. — C'est tout comme pour la maison.

Soʟᴀɴɢᴇ. — Ce que je disais. On ne remplace pas une femme comme maman qui était le mouvement perpétuel.

Aɴsᴇʟᴍᴇ. — On la remplace, mais par quoi ?

Soʟᴀɴɢᴇ. — Anselme, répondez-moi franchement, nous ne sommes pas des étrangers. Si papa court un danger, vous devez nous le dire.

Aɴsᴇʟᴍᴇ. — Bien sûr qu'il court un danger : je n'ai pas été long à m'en apercevoir. Ça remonte à l'arrivée ici de ces Coratier de malheur !

Soʟᴀɴɢᴇ. — De malheur, dites-vous ? Coratier aurait amené ici le malheur ?

Aɴsᴇʟᴍᴇ. — Oui et non. Monsieur l'a pris sous sa protection, lui et sa Virginie. Il a renvoyé sa chauffeuse.

Lʏʀɪssᴇ. — Désirée Clochard ?

Aɴsᴇʟᴍᴇ. — La Clochard, oui, et il a mis à sa place le Coratier... Il leur a loué, façon de parler, la petite maison là-haut.

Soʟᴀɴɢᴇ. — Il conduit bien, Coratier ?

Aɴsᴇʟᴍᴇ. — Je n'en ai pas connaissance, personne n'est encore monté dans la voiture.

Lʏʀɪssᴇ. — Alors, qu'est-ce qu'il fait ?

Aɴsᴇʟᴍᴇ. — Il s'exerce. Ce matin on l'a envoyé à Orléans chercher de la glace... hier, c'était du Ripolin... tantôt une chose, tantôt une autre... On l'occupe, on l'éloigne, quoi ! Quant à elle, c'est plus fier que Madame. Ça vous tient à distance.

Soʟᴀɴɢᴇ. — Elle vient quelquefois ici ?

Aɴsᴇʟᴍᴇ. — Trop souvent... sous un prétexte ou sous un autre. Pauvre monsieur ! Mais ce que je ne peux pas digérer, moi, c'est les légumes.

Lʏʀɪssᴇ. — Vous ne pouvez pas digérer les légumes ?

Aɴsᴇʟᴍᴇ. — Non, vous allez comprendre. Chaque soir, Coratier emporte chez lui un panier plein de légumes.

Soʟᴀɴɢᴇ. — Eh bien ?

Aɴsᴇʟᴍᴇ. — Eh bien, c'est scandaleux !

Soʟᴀɴɢᴇ. — Quoi... il les vole ?

Aɴsᴇʟᴍᴇ. — Manquerait plus que ça !... Non, non, Monsieur est consentant, à preuve que c'est lui-même qui fait le panier. Et il n'y met pas ce qu'il y a de plus vilain. Avant-hier, c'était des belles fraises ; hier, c'était un melon... mon premier melon !

Lʏʀɪssᴇ. — Qu'est-ce que ça sera ce soir ? On n'ose pas y penser.

Aɴsᴇʟᴍᴇ. — Non.

Soʟᴀɴɢᴇ. — Calmez-vous, Anselme... Qu'est-ce que ça peut vous faire ?

Lʏʀɪssᴇ. — Il y a assez de légumes dans le potager.

Aɴsᴇʟᴍᴇ. — Je ne veux pas m'esquinter pour du monde comme ça ! Pour les maîtres, tant qu'on voudra ! Mais pour ces gens-là, ça me fait mal au cœur.

Lʏʀɪssᴇ. — N'ayez pas mal au cœur, Anselme.

Aɴsᴇʟᴍᴇ. — Faudrait pas qu'elle s'avise de me regarder de travers, parce que j'y dirais ses quatre vérités, oui, j'y dirais !... Depuis quinze jours que je me contiens, ça éclatera, sûr et certain, ça éclatera !

Lʏʀɪssᴇ. — Contenez-vous de plus en plus.

Anselme sort dans le plus grand désordre.

Scène III

SOLANGE, LYRISSE, puis LA GUITHARDIERE

Lʏʀɪssᴇ. — Eh bien, mais nous voilà renseignés.

Soʟᴀɴɢᴇ. — Ah ! je peux me flatter maintenant d'avoir été bien inspirée !

Lʏʀɪssᴇ. — En quoi faisant ?

Soʟᴀɴɢᴇ. — En invitant maman, qui part ce matin pour Vichy, à s'arrêter ici en passant.

Lʏʀɪssᴇ. — Elle a accepté ?

Soʟᴀɴɢᴇ. — Elle arrivera pour déjeuner, en même temps que les Duval-André.

Lʏʀɪssᴇ. — Tu as prévenu papa ?

Soʟᴀɴɢᴇ. — Pas encore.

Lʏʀɪssᴇ. — C'est une bonne surprise que tu lui réserves.

SOLANGE. — Oui, je n'oublie pas que nous avons un rôle à remplir.

Sur ces derniers mots, La Guithardière est arrivé en costume de chasse.

LA GUITHARDIÈRE. — Bonjour, les enfants ! Bien dormi ?

SOLANGE. — Admirablement !

LYRISSE. — Mais vous, beau-père, vous avez été matinal ?

LA GUITHARDIÈRE. — Je me lève tôt, parce que je me couche tôt.

LYRISSE. — Vous avez chassé ?

LA GUITHARDIÈRE. — Un peu.

LYRISSE. — Sans fusil ?

LA GUITHARDIÈRE. — C'est pourquoi je ne rapporte rien.

LYRISSE. — Dites-moi donc... C'est toujours à vous la petite maison là-haut, blanche, avec des volets verts ?

LA GUITHARDIÈRE. — Oui, oui...

LYRISSE. — Vous la louez toujours ?

LA GUITHARDIÈRE. — Oui et non, c'est-à-dire que, vu les exigences du fisc, je me suis aperçu que j'avais intérêt à ne pas louer; alors, cette année, j'y ai installé un petit ménage.

SOLANGE. — Oui, le ménage Coratier.

LYRISSE. — Et Coratier, est-il guéri de sa sinistrose ?

LA GUITHARDIÈRE. — Qu'est-ce que c'est que cette maladie-là ?

LYRISSE. — L'état mental de l'accidenté qui exploite la situation.

SOLANGE. — Tu sors quelquefois avec lui ?

LA GUITHARDIÈRE. — Jamais. Cependant, si vous voulez, il nous emmènera tantôt faire une promenade jusqu'à Orléans.

SOLANGE. — Tu y tiens beaucoup, c'est un vœu ?

LA GUITHARDIÈRE. — Non, c'est une idée en l'air.

LYRISSE. — Eh bien, qu'elle y reste.

LA GUITHARDIÈRE. — Je vous proposais une distraction.

LYRISSE. — Mieux : une émotion.

LA GUITHARDIÈRE, à Solange. — Dis-moi... quand je suis arrivé, vous parliez tous les deux d'une bonne surprise qui m'attendait... De quoi s'agit-il ?

SOLANGE. — Les Duval-André vont t'amener tout à l'heure un convive sur lequel tu ne comptais pas.

LA GUITHARDIÈRE. — Qui ça ?

SOLANGE. — Maman... qui se rend à Vichy. Nous sommes sur son chemin, elle déjeunera sans doute avec nous.

LYRISSE. — C'est la surprise.

LA GUITHARDIÈRE. — Elle est bonne.

SOLANGE. — Ça ne te contrarie pas ?

LA GUITHARDIÈRE. — Pas le moins du monde ! Ta mère est ici chez elle.

SOLANGE. — Merci. Tu ne peux pas savoir quel plaisir...

Scène IV

LES MÊMES, VIRGINIE

VIRGINIE. — Bonjour, madame, bonjour, messieurs.

LYRISSE. — Bonjour, madame Coratier.

VIRGINIE. — Je vous demande pardon, monsieur le maire... Je ne vous ai pas trouvé à la mairie... Alors, comme j'avais une affaire urgente à vous soumettre, je me suis permis...

LA GUITHARDIÈRE. — Vous avez bien fait, madame. Rien de grave ?

VIRGINIE. — C'est selon... Une petite contestation avec des voisins. Alors, Coratier m'a dit : « Va raconter ça à monsieur le maire. »

LA GUITHARDIÈRE. — Voulez-vous venir dans mon cabinet ?

SOLANGE. — Inutile, papa, nous allons jusqu'au moulin, au-devant de tes invités.

LA GUITHARDIÈRE. — Eh bien, c'est ça.

SOLANGE, à Lyrisse. — Elle est gentille.

LYRISSE. — Oui. Pas mal.

Solange et Lyrisse sont sortis.

Scène V

LA GUITHARDIERE, VIRGINIE

LA GUITHARDIÈRE. — Qu'est-ce qui se passe ? Je suis monté chez vous ce matin, vous n'y étiez pas.

VIRGINIE. — J'étais allée à Orléans avec Coratier.

LA GUITHARDIÈRE. — Quoi faire, à Orléans ?

VIRGINIE. — Chercher une petite bonne.

LA GUITHARDIÈRE. — Quoi ?

VIRGINIE. — Eh bien, oui, une bonne. Et si vous vous figurez que c'est facile... Ces filles vous ont maintenant des exigences !... Elles n'aiment pas la campagne !...

LA GUITHARDIÈRE. — Vous l'aimez, vous ?

VIRGINIE. — Non.

LA GUITHARDIÈRE. — Je comptais vous voir, ce matin, comme d'habitude.

VIRGINIE. — Justement, comme d'habitude... Chaque matin, vous envoyez Coratier à Orléans... Ça fait causer dans le pays... tout le monde dit que je suis votre maîtresse et, tout à l'heure encore, votre jardinier m'a insultée.

LA GUITHARDIÈRE. — Anselme ?

VIRGINIE. — Oui, Anselme, et je ne suis pas d'humeur à supporter ça. Il va voir si je me mouche du pied comme les poules.

LA GUITHARDIÈRE. — Il ne t'a pas appelée poule.

VIRGINIE. — C'est tout comme... Il m'a traitée de couvreuse.

LA GUITHARDIÈRE. — C'est le féminin de couvreur... Ton mari était couvreur.

VIRGINIE. — Vous trouvez ça correct... Vous ne voyez pas le sens détourné... Eh bien, moi, je le vois et j'en ai assez.

LA GUITHARDIÈRE. — Ah ! la mauvaise tête !... Calme-toi, petit coq monté sur ses ergots. Je ne vous offense pas en t'appelant petit coq ?... Donne-moi ces jolis ergots et ne m'égratigne pas. Si Anselme t'a manqué de respect, il aura du bâton, ron ron, il aura du bâton !

VIRGINIE. — Je n'ai pas envie de rire.

LA GUITHARDIÈRE. — Rire est le propre de l'homme.

VIRGINIE. — Si c'est tout ce qu'il a de propre !... Vous allez renvoyer votre jardinier ou bien c'est nous qui nous en irons.

LA GUITHARDIÈRE. — Je ne peux pas renvoyer Anselme, un vieux serviteur.

VIRGINIE. — Pensez-vous ! Il n'y a plus de vieux serviteurs, il n'y a que des gens qui servent.

LA GUITHARDIÈRE. — Avec l'envie de se faire servir... Allons, je vous promets de lui faire des remontrances.

VIRGINIE. — Oh! des remontrances! Votre jardinier m'a manqué, et pour une fois que je vous demande quelque chose...

La Guithardière. — Pour une fois... pour une fois...

Virginie. — Bien sûr pour une fois... Qu'est-ce que vous faites pour moi?

La Guithardière. — Ce que je fais pour vous? J'ai renvoyé Désirée Clochard.

Virginie. — Vous la regrettez?

La Guithardière. — J'ai pris votre mari comme chauffeur.

Virginie. — Parce que vous aviez des vues sur moi.

La Guithardière. —, Evidemment. Vous m'avez plu tout de suite, mais, en employant votre mari comme chauffeur, c'était réellement pour vous venir en aide. Seulement, à vous voir tous les jours, ma sympathie s'est changée en un sentiment vif, ah! combien vif!

Virginie. — Je m'en suis bien aperçue hier matin... les yeux vous sortaient de la tête.

La Guithardière. — C'était leur jour de sortie.

Virginie. — Et puis mettons que ce soit dans une bonne intention que vous avez pris Coratier comme chauffeur ; vous ne voulez pas monter dans sa voiture, vous ne savez quoi inventer pour nous humilier!

La Guithardière. — Vous tombez mal... Tout à l'heure encore, je proposais à mes enfants une promenade en auto... Ils n'ont pas voulu, ce n'est pas de ma faute.

Virginie. — Il conduit bien, vous savez, Coratier, il a fait de grands progrès. Aujourd'hui, c'était le jour du marché à Orléans. Si vous l'aviez vu se faufiler entre les voitures et le populo! C'était épatant!

La Guithardière. — Eh bien, je monterai cet après-midi dans la voiture, mais ne dites plus que je ne fais rien pour vous. Je vous ai installée dans une gentille maison, voyons! Je vous ai même fait faire une salle de bains... Vous allez dire encore que c'est parce que j'avais des vues sur vous.

Virginie. — Il n'y en avait pas... On n'a pas idée de ça!

La Guithardière. — Les locataires qui étaient avant vous s'en passaient.

Virginie. — Ils ne se lavaient donc pas? Qu'est-ce que c'était que ces gens-là?

La Guithardière. — Pas des dégoûtants, des petits rentiers d'avant guerre.

Virginie. — C'est comme la moto-pompe...

La Guithardière. — Il n'y en a pas.

Virginie. — Et l'on est obligé de monter son eau soi-même, c'est esquintant. Puisque l'électricité est déjà dans la maison, Coratier dit que ça ne serait pas de gros frais.

La Guithardière. — Et puis quoi encore? Une glacière et un monte-plats?

Virginie. — Oh! ce que je vous en dis, c'est dans votre intérêt.

La Guithardière. — Je ne pensais pas.

Virginie. — Dame! ça donnera une plus-value à votre bicoque. Vous la louerez plus cher quand nous serons partis.

La Guithardière. — Mais vous ne partirez pas... je parlerai très sévèrement à Anselme.

Virginie. — Vous? Vous ne savez pas parler à ces gens-là... Vous êtes trop poli, trop doux, trop bon. Ah! si c'était moi!

La Guithardière. — Je suis tranquille... Tenez, je vous propose une affaire.

Virginie. — Dites toujours.

La Guithardière. — Si je renvoie Anselme, je lui donnerai une forte indemnité.

Virginie. — Vous ne lui devez jamais qu'un mois de gages.

La Guithardière. — Ça ne fait rien... je l'indemniserai largement. Eh bien, je vous donne la somme et je garde Anselme, après lui avoir toutefois parlé d'importance.

Virginie. — Ce que vous me proposez là est grossier, mon cher... Je ne puis pas accepter de vous cet argent-là. Ah! si vous me faisiez un présent... un objet de même valeur.

La Guithardière. — Je ne demande pas mieux, mais quoi? (Geste de Virginie.) Un collier?

Virginie. — Je n'ai pas fait ça... j'ai fait ça.

La Guithardière. — Et qu'est-ce que ça veut dire, ça?

Virginie. — Une fourrure.

La Guithardière. — Une fourrure?

Virginie. — J'ai envie d'un tour de cou en lapin blanc.

La Guithardière. — En plein été?

Virginie. — D'où sortez-vous? C'est la mode... Les lapins la portent bien.

La Guithardière. — Entendu !... Tu auras le lapin blanc, tu auras la moto-pompe et je monterai tantôt dans la voiture de Coratier ; mais ne dis plus que je ne fais rien pour toi. Et quand j'aurai fait encore tout ça, qu'est-ce que tu feras, toi?

Virginie. — Qu'est-ce que vous voulez que je fasse?

La Guithardière. — Le reste.

Virginie. — Satyre!

La Guithardière. — Satyre, soit! Je te désire, méchante fille, je te désire follement. Et, depuis quinze jours que je fais chaque matin contre ta vertu des tentatives incohérentes et désespérées, chaque matin tu me promets que ce sera pour demain. Chaque matin, nous nous séparons sur ces mots : à demain, sans faute!

Virginie. — Je dis bien : puisque je suis mariée, ce que vous me demandez serait une faute... Je n'ai jamais trompé Fortuné.

La Guithardière. — Te déplais-je?

Virginie. — Plaît-il?

La Guithardière. — Te déplais-je?

Virginie. — Non, vous ne me déplaisez pas.

La Guithardière. — Alors, dis-moi : à demain, avec la faute!

Virginie. — Débauché!

La Guithardière. — La première parole gentille que tu m'aies dite depuis que je te connais.

Virginie. — Me connaissez-vous?

La Guithardière, transporté. — Je t'adore!

Virginie. — Je vais porter la bonne nouvelle à Coratier.

La Guithardière. — La bonne nouvelle?

Virginie. — Oui... enfin que vous monterez tantôt dans la voiture.

La Guithardière. — C'est ça. Ecoute donc, petite, je ne t'ai même pas demandé...

Virginie. — Quoi encore?

La Guithardière. — Le melon était-il bon, hier soir?

Virginie, en s'en allant. — Pas très sucré.

La Guithardière. — Pas très sucré... Elle non

plus... C'est égal... elle a un je ne sais quand...
Il se frotte les mains en chantonnant.

Scène VI

LA GUITHARDIERE, ANSELME

ANSELME. — Comme Monsieur est gai, ce matin! Monsieur est de bonne humeur.

LA GUITHARDIÈRE. — De très bonne humeur, Anselme... Il y a combien de temps, mon bon Anselme, que vous êtes à mon service?

ANSELME. — Ça va faire vingt ans à la Saint-Michel, Monsieur.

LA GUITHARDIÈRE. — Vingt ans! Et ça n'est pas fini. J'espère bien avoir encore devant moi, durant des années, votre bonne figure de brave homme.

ANSELME. — Ah! c'est que des patrons comme Monsieur, ça ne se rencontre pas souvent.

LA GUITHARDIÈRE. — C'est si rare une maison où tout le monde s'entend bien.

ANSELME. — Bien sûr, Monsieur.

LA GUITHARDIÈRE. — Je vous dis ça parce que j'ai remarqué... il m'est revenu... enfin je crois que vous n'êtes pas très bien avec Mme Coratier?

ANSELME. — Ni bien ni mal, Monsieur, on n'a qu'à rester chacun chez soi.

LA GUITHARDIÈRE. — Chacun chez soi, Anselme, c'est une excellente formule. Je vous demande d'être convenable avec Mme Coratier.

ANSELME. — Je suis convenable, Monsieur.

LA GUITHARDIÈRE. — Pas toujours... Ainsi, ce matin...

ANSELME. — C'est elle qui a commencé... Elle a une façon de regarder le monde, de vous parler...

LA GUITHARDIÈRE. — C'est une très bonne petite femme. Et puis, est-ce qu'il faut faire attention aux femmes, à ce qu'elles disent... Il faut être au-dessus de ça. Vous êtes un brave homme, Anselme.

ANSELME. — Oui, Monsieur.

LA GUITHARDIÈRE. — Et intelligent.

ANSELME. — Oui, Monsieur.

LA GUITHARDIÈRE. — Un vieux serviteur.

ANSELME. — Oui, Monsieur.

LA GUITHARDIÈRE. — Un bon jardinier.

ANSELME. — Oui, Monsieur.

LA GUITHARDIÈRE. — Vous désirez toujours avoir le Mérite agricole?

ANSELME. — Monsieur me le promet depuis cinq ans.

LA GUITHARDIÈRE. — Vous l'aurez cette année.

ANSELME. — Monsieur a écrit au ministre?

LA GUITHARDIÈRE. — J'ai fait mieux, je suis allé le voir et il ne m'a pas donné seulement sa parole de ministre, mais sa parole, que vous seriez compris dans la prochaine promotion... Etes-vous content?

ANSELME. — Oh! oui, Monsieur.

LA GUITHARDIÈRE. — Allons, donnez-moi la main, Anselme, et que la scène de ce matin ne se renouvelle plus... C'est promis?

ANSELME. — C'est promis.

Il va pour sortir.

LA GUITHARDIÈRE. — Dites-moi, qu'est-ce qu'ils ont donc, les melons, cette année?

ANSELME. — Qu'est-ce qu'ils ont fait, les melons?

LA GUITHARDIÈRE. — Il paraît qu'ils ne sont pas très sucrés.

ANSELME. — Il paraît? Ah! ah! j'vois d'où vient l'coup... Pas très sucrés, Monsieur, ils le sont cor assez pour la garce qui y goûte!

LA GUITHARDIÈRE. — Anselme!

ANSELME. — Oui, Monsieur, j'vois d'où vient le coup. C'est encore votre Virginie! Comment sauriez-vous d'abord que les melons ne sont pas sucrés, puisque le premier, le premier, a été pour les Coratier! Ce n'est pas moi qu'est venu la chercher, c'te fois-ci! De quoi qu'elle se mêle? Une feignante, une propre à rien.

LA GUITHARDIÈRE. — Anselme, je vous prie de vous taire.

ANSELME. — Et ça fait la dame, ça s'croit quelque chose parce que le patron y fait du plat!

LA GUITHARDIÈRE. — Anselme, vous devenez fou!

ANSELME. — Non, Monsieur. J'avais envie de rigoler, tout à l'heure, quand vous me disiez: est-ce qu'il faut faire attention aux femmes; vous y faites bougrement attention, vous, que ç'en est un scandale! Ah! Monsieur peut bien être sûr d'une chose: c'est qu'il ne sera pas réélu maire l'année prochaine.

LA GUITHARDIÈRE. — C'est possible, mais, vous, vous allez partir tout de suite, vous entendez?

ANSELME. — Non, Monsieur, j'ai droit.

LA GUITHARDIÈRE. — Vous avez droit à un mois de gages... Allez faire vos paquets.

ANSELME. — J'irai au syndicat.

LA GUITHARDIÈRE. — Si vous voulez.

ANSELME. — Ça vous coûtera cher.

LA GUITHARDIÈRE. — Ça me coûtera ce que ça me coûtera, pourvu que je ne voie plus devant moi votre vilaine figure! Quand au Mérite agricole, vous pouvez courir après. Vous êtes un ingrat, un imbécile et un mauvais homme. Disparaissez! *(Anselme est parti.)* Ah! comme j'ai bien fait de ne pas aller voir le ministre!

Scène VII

LA GUITHARDIERE, LYRISSE, puis SOLANGE

LYRISSE. — Après qui en avez-vous?

LA GUITHARDIÈRE. — Je viens de flanquer Anselme à la porte. Il m'a menacé de son syndicat, mais comme je prendrai une jardinière, ça m'est égal.

LYRISSE. — Vous faites toujours du féminisme intégral.

LA GUITHARDIÈRE. — Du féminisme en action, surtout. Chaque fois que j'ai à me plaindre d'un serviteur, je le remplace par une femme. J'ai déjà remplacé le valet de chambre par la femme de chambre, je remplacerai le jardinier par une jardinière.

LYRISSE. — Pourquoi renvoyez-vous ce pauvre Anselme?

LA GUITHARDIÈRE. — Il m'a répondu insolemment.

LYRISSE. — Les femmes sont plus polies?

LA GUITHARDIÈRE. — Non, mais comme j'y regarde à deux fois avant de leur faire une observation, elles n'ont pas à me répondre.

LYRISSE. — Moi, c'est la femme de chambre qui m'incommoderait le plus: le fait de s'habiller et de se déshabiller devant elle, ça ne vous gêne pas?

LA GUITHARDIÈRE. — Moins que devant un homme. Tenez, à Paris, chaque matin, je consacre une demi-heure à la culture physique. Mon professeur est une femme... Ça se passe très convenablement. Quand je n'arrive pas à me relever tout seul, elle m'aide.

LYRISSE. — Autrefois, c'était l'homme qui relevait la femme tombée. (Sur ces derniers mots, Eve entre avec Solange.) Ah ! voici belle-maman !

Scène VIII

EVE, SOLANGE, LYRISSE,
LA GUITHARDIERE, puis DUVAL-ANDRE

LYRISSE, à Eve. — Bonjour, vous !

EVE. — Bonjour, Clément. Bonjour, Hector.

LA GUITHARDIÈRE. — Bonjour, chère amie... Tu viens de Paris ?

EVE. — Oui, avec Duval-André... et je vais à Vichy toute seule. C'est Yabada qui conduit.

LA GUITHARDIÈRE. — Tu n'es pas malade?

EVE. — J'ai l'air malade?

LA GUITHARDIÈRE. — Pas précisément, mais tu dis que tu vas à Vichy.

EVE. — Tu m'as fait peur... La vérité, c'est que je n'étais pas bien fixée, il y a vingt-quatre heures... j'hésitais entre Deauville et Biarritz.

LYRISSE. — Et vous allez à Vichy, c'est logique.

EVE. — Je ne vois pas ce qu'il y a de logique là-dedans.

LYRISSE. — Moi non plus.

EVE, regardant la maison, le jardin. — Ah! l'on est bien ici... Comme tout est tranquille.

LA GUITHARDIÈRE. — C'est la campagne.

EVE. — Ça fait plaisir de revoir les endroits où l'on s'est un peu ennuyé.

LA GUITHARDIÈRE. — Tu n'es pas gentille.

EVE. — J'ai dit « un peu ». Tiens, tu as fait des changements?

LYRISSE, qui a emmené Solange un peu à l'écart. — Ça se gâte, l'orage est sur la maison... Ton père a renvoyé Anselme.

SOLANGE. — Déjà! Profitons de l'occasion pour mettre maman au courant.

LYRISSE. — Tu crois que c'est utile?

SOLANGE. — Ah ! si sa jalousie pouvait être excitée !

LYRISSE. — On peut toujours essayer.

DUVAL-ANDRÉ, entrant. — Bonjour, père.

LA GUITHARDIÈRE. — Bonjour, Fernand. Vous êtes seul? Gisèle ne vous a pas accompagné?

DUVAL-ANDRÉ. — Un peu souffrante.

LA GUITHARDIÈRE. — Rien de grave? (Duval-André ferme les yeux et balance la tête.) Ça veut dire?

EVE. — Vague... vague...

Gestes.

LYRISSE. — A l'âme?

DUVAL-ANDRÉ. — Partout... Elle s'ennuie... Quand elle est comme ça, c'est qu'elle a envie de...

Gestes.

LA GUITHARDIÈRE. — De quoi?... Expliquez.

DUVAL-ANDRÉ. — De partir... de voyager.

LA GUITHARDIÈRE, à Eve. — Tu déjeunes avec nous?

EVE. — Impossible... si je veux arriver à Vichy pas trop tard.

LA GUITHARDIÈRE. — Tu prendras toujours bien un verre de porto.

EVE. — Ah! ça, oui.

LA GUITHARDIÈRE. — Je vais donner des ordres et voir par la même occasion si Anselme fait ses paquets!

EVE. — Il veut s'en aller?

LA GUITHARDIÈRE. — Je le renvoie.

EVE. — Tu ne feras pas ça.

LA GUITHARDIÈRE. — Mais si... mais si...

SOLANGE. — Oh! je suis bien tranquille, maman... ça va s'arranger. Papa se laissera attendrir.

LYRISSE. — Vous lui ferez des excuses.

LA GUITHARDIÈRE. — Je ne crois pas.

Scène IX

EVE, SOLANGE, LYRISSE, DUVAL-ANDRE

EVE. — Qu'est-ce que c'est encore que cette histoire de jardinier? Anselme qui est ici depuis vingt ans, il le met à la porte?

SOLANGE. — Et j'ai idée que Mme Coratier n'est pas étrangère au renvoi d'Anselme.

EVE. — Mme Coratier, dis-tu... la femme de l'accidenté?

SOLANGE. — C'est vrai, tu ne sais pas : papa a installé au village le ménage Coratier.

EVE. — Comment, installé?

SOLANGE. — Il a pris le mari comme chauffeur et il leur a loué la petite maison là-haut.

EVE. — Un homme que j'ai failli écraser... ça n'est pas très élégant vis-à-vis de moi, ce qu'il a fait là mon ex-mari.

SOLANGE. — C'est notre avis.

EVE. — Mais comment Mme Coratier est-elle la cause du départ d'Anselme?

LYRISSE. — Ils sont, elle et lui, à couteaux tirés.

SOLANGE. — Ils se sont sans doute chamaillés.

EVE. — Et ton père aura pris le parti de la petite femme, naturellement.

LYRISSE. — Il est féministe dans l'âme.

EVE. — Appelons ça l'âme, si vous voulez. J'ai toujours dit que cette femme est une intrigante... Il suffit de la voir, et je constate qu'elle fait déjà faire à ton père tout ce qu'elle veut. Notez bien que je ne suis pas jalouse.

SOLANGE. — Il faut l'être, maman. Il faut l'être un peu.

EVE. — A quel titre?

SOLANGE. — A titre d'amie... Tu n'es plus la femme de papa, mais tu es toujours son amie, je présume... Tu devrais lui parler.

EVE. — Mon enfant chérie, tu ne réfléchis pas... Ça ne me regarde plus... Il est libre, nous sommes libres.

SOLANGE. — Tu ne ferais rien pour lui éviter des ennuis ?... Tu ne lui donnerais même pas un conseil, gentiment ?

EVE. — Mais rien du tout ; et puis si tu crois qu'on écoute les conseils... Je vous en prie, parlons d'autre chose.

LYRISSE. — De tout ce que vous voudrez.

EVE. — Je vous prends au mot. Je connais quelqu'un qui vous ferait de très jolis modèles pour vos flacons.

LYRISSE. — Vraiment.

EVE. — Rarahu a chez elle pour modelliste, un garçon jeune, actif, intelligent, prodigieux... Ses débuts dans la couture ont été très remarqués ; il fait la pluie et le beau temps.

LYRISSE. — S'il fait aussi le chaud et le froid, ses quatre saisons sont assurées.

Solange et Duval-André sont sortis.

EVE. — Vous pouvez blaguer... Quand vous le connaîtrez... Voulez-vous que je vous l'envoie?

LYRISSE. — Vous pouvez toujours me l'envoyer. Comment s'appelle-t-il?

EVE. — Remedios Ascarès.

LYRISSE. — Ce n'est pas un homme du Nord ; mais, attendez donc, je le connais... Artiste, en effet, intelligent, des idées.

EVE. — N'est-ce pas?

LYRISSE. — Très bien de sa personne.

EVE. — N'est-ce pas?

LYRISSE. — Et un bagout !

EVE. — De l'éloquence.

LYRISSE. — Il vous a dit que vous aviez une voix diapasonnée?

EVE, *à mi-voix.* — Il me l'a dit en effet...

LYRISSE. — Que vous étiez allurée, spontanéiste, paroxyste... Il dit les mêmes choses à toutes les femmes...

EVE. — Allons, bon!

LYRISSE. — Je l'entends d'ici... *(Imitant.)* « Ce que sera la mode cet hiver, sirène, déesse ? Ce que vous voudrez qu'elle soit... si vous suivez mes conseils, bien entendu... Je suis pour la femme une sorte de démon tentateur. »

EVE. — Il n'a jamais parlé comme ça... C'est de la caricature.

LYRISSE. — Ah ! belle-maman, belle-maman, si vous connaissez le modelliste, conseillez-lui d'aller exercer ses talents ailleurs !

EVE. — Où ça?

LYRISSE. — Je ne sais pas. moi, outre-mer.

EVE. — Il a les traversées en horreur... Il dit qu'avec la mer on ne sait jamais...

LYRISSE. — Il devrait savoir.

EVE. — C'est idiot ce que vous dites... Vous feriez croire... C'est un garçon d'une délicatesse...

LYRISSE. — Ah! que vous me faites peur ! *(La Guithardière apparaît sur le perron.)* Voici mon beau-père, je vous laisse.

EVE. — Vous pouvez rester... je n'ai rien de particulier à dire à votre beau-père.

LYRISSE. — Vous avez vu Anselme... il reste?

LA GUITHARDIÈRE. — Non, il part... J'ai été inflexible.

LYRISSE. — C'est significatif.

LA GUITHARDIÈRE. — De quoi ?

LYRISSE. — De votre fermeté.

Il sort. Pendant cette scène, une femme de chambre aura apporté le porto.

Scène X

EVE, LA GUITHARDIERE,
puis ANSELME, un instant.

EVE, *se versant un verre de porto.* — A la tienne, Hector.

LA GUITHARDIÈRE. — Sans rancune, Eve.

EVE. — Oh ! je crois bien... Tu vas dire que ça ne me regarde pas, mais veux-tu que je te donne franchement mon avis ?

LA GUITHARDIÈRE. — Ton avis sur quoi ? Et, puisque ça ne te regarde pas, tu ne penses pas qu'il vaudrait mieux...

EVE. — Tu as mille fois raison... Je vais te le donner tout de même.

LA GUITHARDIÈRE. — Je t'écoute.

EVE. — Eh bien, je trouve que tu n'aurais pas dû introduire ces gens-là chez toi.

LA GUITHARDIÈRE. — Quelles gens ?

EVE. — Les Coratier... Après ce qui s'est passé, ça a quelque chose de gênant pour moi.

LA GUITHARDIÈRE. — Oh ! de gênant... puisque tu n'es plus là.

EVE. — Ça ne s'explique pas... ça se sent, ces choses-là...

LA GUITHARDIÈRE. — Je me suis occupé d'eux pour t'éviter des ennuis, pour qu'ils ne te poursuivent pas de leurs réclamations.

EVE. — On ne leur devait rien.

LA GUITHARDIÈRE. — On doit toujours quelque chose à quelqu'un, quand on est responsable de sa diminution d'aptitude au travail.

EVE. — N'empêche que, si la petite femme n'avait pas été jeune et drôlette, tu les aurais bien laissés se débrouiller. Ah ! mon pauvre Hector, tu es incorrigible.

LA GUITHARDIÈRE. — Incorrigible ? Que veux-tu dire ?

EVE. — Que Mme Coratier est un numéro dans le genre de ceux qui ne te déplaisent pas.

LA GUITHARDIÈRE. — Et quel genre, selon toi, ne me déplaît pas ?

EVE. — Le petit monde... le poisson qu'on pêche dans les petits étangs et qui sent toujours un peu la vase.

LA GUITHARDIÈRE. — Qu'en sais-tu?

EVE. — J'imagine. Tes petites amies n'ont jamais été très reluisantes.

LA GUITHARDIÈRE. — Pour ne pas attirer l'attention.

EVE. — Tu me ménageais, c'est gentil. D'ailleurs, tout le monde était au courant, moi la première. Enfin, conviens que si tu étais regardant, ce n'était pas sur l'étage social de tes petites protégées.

LA GUITHARDIÈRE. — Il ne m'a jamais déplu de les voir logées un peu haut.

EVE. — Au sixième, c'est plus près du ciel.

LA GUITHARDIÈRE. — On le dit.

EVE. — Tu crois donc que je ne m'apercevais de rien parce que tu cachais tes modestes conquêtes dans le fond des baignoires ou l'arrière-salle des petites boîtes pas chères ?

LA GUITHARDIÈRE. — On y mange mieux qu'ailleurs.

EVE. — Pas longtemps.

LA GUITHARDIÈRE. — Dis-moi que j'ai eu tort de ne pas dilapider la dot de tes filles avec des poules de luxe... ou de ne pas t'avoir mise sur la paille en commanditant un théâtre ou une grande maison de couture.

EVE. — Je n'ai pas dit ça.

LA GUITHARDIÈRE. — Que veux-tu ? J'ai des principes démocratiques arrêtés : j'ai toujours mieux aimé venir en aide à l'ouvrière qu'à la patronne. *(Sur ces derniers mots, Anselme est entré : il a quitté son tablier de jardinier.)* Qu'est-ce qu'il y a encore ?

ANSELME. — Je voulais profiter de l'occasion que Madame est ici pour prendre congé de Madame qui a toujours été pour moi juste et bonne, elle !

LA GUITHARDIÈRE. — Ça va... ça va... dépêchez-vous.

Anselme. — Madame n'est sans doute pas au courant ?

Eve. — Si, mon bon Anselme, je suis au courant, mais je n'ai plus aucune autorité ici.

Anselme. — C'est dommage.

Eve. — Je ne vous dis pas... Mais qu'est-ce que vous voulez ?...

Anselme. — Ce que je veux... ce que je veux ?... De la conduite ! (Il regarde La Guithardière et sort.)

Eve. — Je ne le lui ai pas fait dire.

La Guithardière. — Si tu écoutes les propos de cet imbécile !

Eve. — Maintenant que tu es libre, j'espérais, nous espérions tous que tu allais avoir des distractions en rapport avec tes moyens. On ne te voit jamais dans les endroits chics.

La Guithardière. — Je suis un riche honteux.

Eve. — Mais parfaitement. Et tu continues. Mme Coratier... Virginie Coratier...

La Guithardière. — Qu'est-ce qu'elle t'a fait ? D'abord, elle n'est pas ma maîtresse.

Eve. — Elle le sera... et elle te mettra dans de jolis draps.

La Guithardière. — Pas même.

Eve. — Oh ! c'est couru, et tu vas avoir un tas d'embêtements. Encore, avec les autres, ça se passait au dehors. Mais tu introduis cette femme-là chez toi et avec le mari, avec le mari !... C'est-à-dire qu'un enfant de sept ans n'aurait pas fait ça.

La Guithardière. — Il y a des chances.

Eve. — Seulement, méfie-toi... Dans notre monde, un mari trompé est trop bien élevé pour être redoutable... Mais si tu te mets maintenant à avoir des prévenances pour les maris de bas étage...

La Guithardière. — De bas étage ! un couvreur !

Eve. — Parfaitement ! Prends garde, Hector, ça peut te mener loin.

La Guithardière. — Qu'est-ce que tu me chantes là ?

Eve. — Oh ! ce que je t'en dis, c'est de peur qu'on ne te fasse chanter toi-même... et pas avec un filet de voix, comme c'est ton habitude.

La Guithardière. — Merci.

Eve. — Il n'y a pas de quoi... Je ne te fais pas une scène de jalousie. Ce serait une autre, je ne t'en parlerais même pas. Seulement, ça m'agace que tu aies choisi une femme qui a tous les torts envers moi, qui est venue me menacer chez moi...

La Guithardière. — Oh ! te menacer, tu renverses les rôles... C'est toi qui l'as très mal reçue.

Eve. — Bien, bien, n'en parlons plus... Tu es pincé, chambré, buté.

La Guithardière. — Où veux-tu en venir ? Nous avons l'air d'être encore mariés. Pourquoi t'occupes-tu de moi ? Est-ce que je te demande ce que tu fais ?

Eve. — Oh ! je peux le dire, moi, ce que je fais... Je n'ai rien à cacher... Je vis dans une maison de verre... Je jouis de ma liberté. Maintenant que je ne suis plus en tutelle, que je n'ai plus de comptes à rendre à la communauté, je dépense mon argent comme je veux. Ça m'amuse, c'est une sorte d'ivresse !...

La Guithardière. — Il ne t'est pas défendu de te griser comme ça.

Eve. — C'est heureux ! Je donne libre cours à mon besoin d'activité, à mes aptitudes pour les grandes affaires. On ne s'en doutait pas : j'ai le génie des affaires.

La Guithardière. — Ah !

Eve. — Mais oui... et je comprends mon époque... Avec la coquetterie et la gourmandise, on est sûr de gagner de l'argent. Je commandite une grande couturière... parce que je ne suis pas une bourgeoise socialiste, moi ; j'aime mieux venir en aide à la patronne qu'à l'ouvrière...

La Guithardière. — Chacun son goût... Voilà pour la coquetterie. Quant à la gourmandise ?

Eve. — Eh bien, quoi, la gourmandise ? Tu ne sais pas ce que j'ai fait avant-hier ?

La Guithardière. — Non.

Eve. — On m'avait signalé en Normandie une petite auberge de village dans un endroit ravissant ; avec cent mille francs on la transformerait en cabaret artistique, vide-bouteilles, tourne-bride. J'appellerais ça le Hérisson, la Sarcelle ou l'Ecrevisse.

La Guithardière. — Ça peut se défendre, le Hérisson surtout. Et tu serais disposée à mettre ton pauvre argent dans cette petite auberge ?

Eve. — Pleine d'avenir.

La Guithardière. — Et de passé aussi, sans doute.

Eve. — Et de passé... tu ne crois pas si bien dire... C'est à Bourneville... Ça ne te dit rien ?

La Guithardière. — Bourneville ?... attends donc, nous y avons déjeuné, dans le temps... dans le temps !...

Eve. — Pourquoi dis-tu : dans le temps... dans le temps ?

La Guithardière. — Dame ! ce n'est pas hier. Comment faut-il dire ?

Eve, légèrement. — Dans le temps... Le croirais-tu, les patrons sont toujours les mêmes.

La Guithardière. — Ils doivent être bien vieux, bien vieux !

Eve. — Bien vieux, bien vieux... (Légèrement.) vieux... Ils n'ont pas rajeuni, évidemment. Ils m'ont tout de même reconnue.

La Guithardière. — Preuve qu'ils ne voient pas beaucoup de monde.

Eve. — Ah ! tu m'agaces ! « Je me souviens, a dit l'homme, que la salle à manger commune vous faisait horreur. » Et la femme a ajouté : « Les chambres aussi... Alors nous vous avons offert la nôtre où vous vous êtes fait servir à déjeuner. »

La Guithardière. — Quelle mémoire ! Oui, oui, je me souviens.

Eve. — Il y avait des fleurs d'oranger sous globe et des mouches du dernier été entre le globe et sa housse de mousseline.

La Guithardière. — Et des ronds en crochet sur les fauteuils.

Eve. — Et des tapis de pied pour n'y mettre jamais les pieds.

La Guithardière. — C'était drôle.

Eve. — C'était bête... à pleurer.

La Guithardière. — En tout cas, nous avons admirablement déjeuné... Ils avaient un petit mousseux de premier ordre.

Eve. — Fine gueule ! Nous avons même déjeuné en musique.

La Guithardière. — Ah ! oui, ce maréchal ferrant, à côté de l'auberge.

Eve. — Tapait-il de bon cœur !

La Guithardière. — Il battait le fer pendant qu'il est chaud.

Eve. — Et il chantait... Que chantait-il déjà ?

LA GUITHARDIÈRE, il chante.

Forgeron, beau forgeron,
A la fleur de ton âge,
Forgerais-tu bien un fer
Sur le sein de ma femme ?

Eve. — Hé là! hé là!

La Guithardière. — C'est une chanson de route qui parcourt la femme de la tête aux pieds.

Eve. — J'ai bien compris... la femme-en-clume.

La Guithardière. — Ah! quoi que tu en dises, nous n'avons pas de mauvais souvenirs.

Eve. — C'est vrai... et puis on ne s'en veut pas... on est des amis. Ce que je t'ai dit, tout à l'heure, à propos de la petite Coratier, c'était par amitié, dans ton intérêt. Ce qu'elle va te faire voir du pays, tu ne t'en doutes pas. Tu es pour elle le chopin inespéré, la poire juteuse, mon pauvre ami... Ah! tu en fais une bêtise!

La Guithardière. — Tu ne vas pas recommencer ?

Eve. — Non, tu as raison, c'est stupide ; mais, que veux-tu, quand on a vécu vingt-cinq ans à côté l'un de l'autre, on ne rate pas comme ça une occasion d'être embêtante.

La Guithardière. — L'habitude.

Eve. — Mais oui, l'habitude. Nous venons de revivre une heure de notre ancienne vie... une scène... un souvenir... Et puis une nouvelle vie entraîne dans son tourbillon. Quelle heure est-il avec tout ça ? Tu permets... je vais donner un coup d'œil à ma chambre, à mon ex-chambre.

La Guithardière. — Tu es ici chez toi.

Eve. — Je voudrais reprendre quelques objets que j'ai oubliés et qui ne sont plus là à leur place... entre autres un portrait de mon père, avec des favoris, appuyé sur un fût de colonne... J'y tiens beaucoup... et un portrait de moi à douze ans, avec une natte dans le dos... Ça ne t'intéresse plus.

La Guithardière. — La chambre est restée telle que tu l'as laissée.

Eve. — Oui, tu n'y es plus jamais entré... Dis à Solange de venir m'y retrouver. (Au même moment entrent Solange, Lyrisse et Duval-André.) La voici justement. Viens avec moi, Solange.

Eve et Solange entrent dans la maison.

Scène XI

LA GUITHARDIERE, LYRISSE,
DUVAL-ANDRE

Duval-André. — Dites-moi, mon cher beau-père... vous ne trouvez pas que notre belle-mère a un air?...

Geste.

La Guithardière. — Expliquez.

Lyrisse. — Oui... un air...

Geste.

La Guithardière. — Si vous vous mettez à faire des gestes tous les deux...

Lyrisse. — Eh bien, l'air d'une femme qui profite de sa liberté pour faire des sottises. Duval-André, qui a des tuyaux tout récents, vient de nous mettre au courant.

Duval-André. — Elle est déchaînée !

La Guithardière. — Qu'est-ce qui vous fait dire ça? Je viens de causer avec elle. Elle ne m'a pas semblé dans un état tellement anormal pour elle. Tout est relatif. Elle commandite Rarahu, elle veut lancer une nouvelle auberge dont le besoin se faisait sentir en Normandie. Elle hésite entre le Hérisson, la Sarcelle et l'Ecrevisse : tout ça m'a paru très bien.

Duval-André. — Mais savez-vous que Rarahu est aux abois... qu'Eve a déjà mis trois cent mille francs dans la maison et qu'elle va à Vichy dans l'espoir de se refaire ?

Geste.

La Guithardière. — En quoi faisant, dites-vous?

Duval-André. — En jouant!

Lyrisse. — Et elle perdra.

Duval-André. — Ce qu'elle voudra.

Lyrisse. — Elle ne sait pas jouer.

Duval-André. — Vous devriez l'empêcher.

La Guithardière. — Elle perdra... et puis après?

Duval-André. — Comment après?

La Guithardière. — Ça vous alarme, vous qui êtes toujours les gendres, mais moi qui ne suis plus le mari, ça m'est égal : je n'hérite pas.

Duval-André. — Ah! si vous le prenez comme ça, vous nous obligez à vous dire que ce n'est pas seulement son argent qui court des risques, c'est votre honneur qui est en jeu.

La Guithardière. — Mon honneur?

Duval-André. — Oui. Elle a fait connaissance, chez les Rarahu, d'une espèce de rasta, d'une sorte d'olivâtre nommé Remedios Ascarès, qui lui a complètement...

Geste.

Lyrisse, traduisant. — ...tourné la tête!

La Guithardière. — Que voulez-vous que j'y fasse? Elle est libre de sa tête.

Duval-André. — Mais c'est qu'elle n'est plus libre, justement, et alors...

Multitude de gestes.

La Guithardière. — Ecoutez, Fernand, vous parlez trop vite... on ne peut plus vous suivre.

Lyrisse. — Il veut dire qu'elle va le rejoindre à Vichy et que c'est un homme qui ne pense qu'à la dévaliser.

Duval-André. — C'est clair.

La Guithardière. — En quoi mon honneur est-il en jeu là-dedans?

Lyrisse. — Votre ex-femme s'affichant à Vichy avec un Remedios Ascarès, vous ne voyez pas le scandale ?

La Guithardière. — Je ne le vois pas pour moi.

Lyrisse. — Elle a tout de même porté votre nom.

La Guithardière. — Elle ne le porte plus... Et puis, sous des dehors un peu extravagants, Eve demeure d'une honnêteté foncière ; elle n'a rien à cacher, elle vit dans une maison de verre.

Lyrisse. — Il ne faudrait pas que ça devienne un aquarium.

Duval-André. — Vous devriez agir.

La Guithardière. — Agir, comment ?

Lyrisse. — Aller à Vichy... Rien que votre présence... vous savoir, vous sentir là, ça peut la retenir...

Duval-André, qui n'arrête plus de faire des gestes. — Au bord de l'abîme où elle est sur le point de rouler...

La Guithardière, faisant des gestes à son tour. — Voilà que ça me gagne. Avec l'argent... c'est ça qui vous intéresse... Mais, moi, je ne me soucie pas du tout d'aller surveiller à Vichy mon ancienne femme... D'abord une affaire importante réclame ma présence ici demain matin... sans faute... façon de parler... (Bruit.) Qu'est-ce que c'est ?

Scène XII

Les mêmes, VIRGINIE, puis EVE ET SOLANGE,
lesquelles, entendant du bruit, sont sorties sur le perron.

VIRGINIE. — Monsieur, monsieur, venez vite... Anselme et Fortuné se battent.

LA GUITHARDIÈRE. — Ils se battent ?

VIRGINIE. — Ils n'en sont encore qu'aux gros mots, mais je connais Fortuné... L'autre l'a traité de cocu... il est moins une... ça va chauffer...

LA GUITHARDIÈRE. — J'y vais... j'y vais... restez là, mon enfant.

VIRGINIE. — Non... je vais avec vous.

LA GUITHARDIÈRE. — Je vous dis de rester là... votre présence ne ferait que les exciter davantage.
Il sort.

LYRISSE. — Il a raison, madame, il vaut mieux que vous restiez là.

VIRGINIE. — Cocu !

LYRISSE. — Oh ! vous savez, au cours d'une dispute, ces mots-là vous échappent.

DUVAL-ANDRÉ. — C'est automatique.

VIRGINIE. — Automatique, vous trouvez ?

LYRISSE. — Il ne faut pas attacher trop d'importance...

VIRGINIE. — Pour vous, ça n'a pas d'importance. Si on vous en disait autant.

SOLANGE, descendant. — Vous allez un peu loin, madame.

VIRGINIE. — Dame, c'est vrai...

DUVAL-ANDRÉ. — On n'avait pas l'intention de vous offenser.

VIRGINIE. — Cocu! ça n'est pas une offense ?

EVE, descendant à son tour. — Ce n'est pas une offense au même degré pour votre mari et pour vous. Comprenez-vous ?

VIRGINIE, interloquée. — Ah !

LYRISSE. — Voyons, comment cette dispute est-elle arrivée ?

VIRGINIE. — C'est arrivé que M. La Guithardière a flanqué le jardinier à la porte parce qu'il m'avait manqué de respect.

EVE. — A vous aussi ?

VIRGINIE. — C'est comme je vous le dis, madame. M. La Guithardière est un homme comme il faut, un homme de progrès qui ne tolère pas qu'on insulte une femme sous son toit. J'avais pourtant bien recommandé à Coratier de ne pas renauder, même que l'autre y causerait. Et alors Coratier était dans la cour, après laver la voiture... car M. La Guithardière sort avec lui tantôt, madame.

EVE. — C'est tout naturel. Pourquoi me dit-elle ça d'un ton agressif ?

VIRGINIE. — Alors, Coratier était après laver la voiture et il ne disait rien à personne quand le jardinier lui a dit : « Tu n'es qu'un cocu ! » (Elle fait mine de partir.) Attendez un peu que je m'en mêle, vous allez voir.

LYRISSE. — Oh ! non, surtout ne vous en mêlez pas. Quel petit coq !

DUVAL-ANDRÉ. — Gaulois !

EVE. — La présence de M. La Guithardière suffit.

VIRGINIE. — Justement, c'est pas son affaire, à ce pauvre monsieur, j'ai même eu tort de venir le chercher, j'aurais dû lui épargner ça. Un homme si bon... un homme de progrès. Il n'est pas de ceux-là qui croient encore qu'un seigneur peut écraser un vilain sans même se retourner, comme sous l'ancien régime.

EVE. — Le cinéma.

VIRGINIE. — Quoi, le cinéma ? Quoi, le cinéma ? Vous pouvez bien charrier. C'est pas moins à cause de vous que tout ça est arrivé...

EVE. — A cause de moi ?

VIRGINIE. — Probable... à cause de vous.

EVE. — Ah! ça, par exemple, c'est trop fort !

VIRGINIE. — L'accident de Coratier vous créait envers lui, envers nous, des obligations morales.

EVE. — C'est bien le style de mon mari.

VIRGINIE. — Mais les obligations morales, vous passez à travers. M. La Guithardière l'a compris, parce que, lui, c'est un homme de progrès... Et quand Coratier fait des efforts pour se relever, pour se remettre au travail, vous vous acharnez après lui... vous l'écrasez une seconde fois... oui, une seconde fois ! Vous le torturez dans son honneur... Vous le laissez traiter de cocu... Ça n'a pas de nom... pas de nom !

EVE. — Pas de nom... Qu'est-ce qu'il lui faut ?

Virginie pleure. Lyrisse et Duval-André l'entourent,
s'efforcent de la calmer, lui prenant chacun une main.

DUVAL-ANDRÉ. — Calmez-vous, mon petit, calmez-vous...

LYRISSE. — Il ne faut pas s'étonner, le monde est méchant...

DUVAL-ANDRÉ. — Allons, allons, ne vous faites pas de chagrin... Quelle sensitive ! Tout va s'arranger !

EVE, impatientée. — Ah! elle était drôle jusqu'ici, mais elle ne l'est plus.

SOLANGE. — Elle exagère ! (Elle appelle son mari.) Clément !

EVE. — J'ai bien envie de lui dire deux mots à cette petite peste.

LYRISSE. — Non, je vous en prie... ce n'est pas le moment... Tous autour d'elle comme ça... nous l'énervons... Je vais lui parler, la calmer... Fernand, emmenez ces dames.

EVE, en sortant avec Solange et Duval-André. — Qu'est-ce que je disais ?... Hector va avoir des embêtements... Ah! il n'est pas au bout de ses peines avec ses protégés... Et, tout de même, elle ne me déplaît pas, c'est une nature.

DUVAL-ANDRÉ. — Elle a du cran !...

Scène XIII

LYRISSE, VIRGINIE

LYRISSE. — Madame Coratier...

VIRGINIE. — Laissez-moi, vous !

LYRISSE. — Vous n'êtes pas gentille !

VIRGINIE. — Je suis ce que je suis.

LYRISSE. — Permettez-moi pourtant de vous poser une simple question.

VIRGINIE. — Laquelle ?

LYRISSE. — Il n'y a rien entre M. La Guithardière et vous ?

VIRGINIE. — Mêlez-vous de ce qui vous regarde... De quel droit ?

LYRISSE. — Pardon. Ça me regarde un peu... non pas comme gendre, mais autrement...

Virginie. — Comment, autrement ?

Lyrisse. — Vous savez bien ce que je veux dire. Mon beau-père est très amoureux de vous, je le comprends... Il vous fait la cour, je le sais. Alors, je vous demande, et vous devez me répondre franchement: il n'y a rien eu entre M. La Guithardière et vous ?

Virginie. — Pensez-vous !

Lyrisse. — Il n'y a rien eu, vous êtes sûre ?

Virginie. — Puisque je vous le dis.

Lyrisse. — J'aime mieux ça... Alors, ma petite Virginie, ne vous mettez pas dans des états pareils.

Virginie. — Je me mets dans les états que je veux.

Lyrisse. — Ne me parlez pas comme ça... voyons, ma petite Virginie.

Virginie. — Je ne suis pas votre petite Virginie, d'abord...

Lyrisse. — Vous étiez plus aimable la dernière fois qu'on s'est vus, vous ne vous rappelez pas ?

Virginie. — Non.

Lyrisse. — Moi, je me rappelle... Un verre de porto ?

Virginie. — Vous êtes humain, vous... vous offrez le porto.

Lyrisse. — J'offre le porto... mais comme trait d'humanité, ça n'a rien d'extraordinaire...

Virginie. — Ils n'y ont pas pensé, eux !

Lyrisse. — Ils ne savent pas que vous l'aimez. Moi, je le sais... Oui, vous étiez plus aimable, la dernière fois que vous êtes venue chercher des fards, des parfums, dans mon bureau.

Virginie. — Votre bureau, parlons-en, avec un sopha, des coussins, du porto, et tout.

Lyrisse. — Nous avons flirté sur ces coussins.

Virginie. — C'est ça, flirter ?

Lyrisse. — Mon Dieu, oui.

Virginie. — Alors, j'ai flirté ?

Lyrisse. — Vous avez... et très bien, sans le savoir. Tu m'as donné ta bouche.

Virginie. — Moi ? A vous ?

Lyrisse. — Dame, il n'y avait que nous deux... ta bouche et moi.

Virginie. — Je vous défends de me tutoyer. Dites-moi vous.

Lyrisse. — Tant que tu voudras.

Virginie. — Ce que vous pouvez m'agacer avec vos airs que rien ne vous résiste.

Lyrisse. — Mon beau-père ne vous tutoie jamais ?

Virginie. — Si.

Lyrisse. — Vous le lui défendez ?

Virginie. — Non.

Lyrisse. — Pourquoi ?

Virginie. — Parce que je m'en f...

Lyrisse. — Un verre de porto ?

Virginie. — Je veux bien.

Lyrisse. — Oui, tu m'as donné ta bouche... tu étais toute frémissante, tu étais toute consentante, et si un malencontreux coup de téléphone ne m'avait pas appelé d'urgence au ministère du Travail et de l'Hygiène...

Virginie. — Oui, mais il y a eu le coup de téléphone.

Lyrisse. — Ta vertu ne tenait qu'à un fil... à ce fil-là.

Virginie. — Possible, mais vous pouvez être bien certain d'une chose, c'est que je ne reviendrai jamais chez vous.

Lyrisse. — Ça ne fait pas du tout mon affaire.

Virginie. — Il ne faut plus penser à ça.

Lyrisse. — Au contraire.

Virginie. — Parbleu, vous ne pensez qu'à ça, vous autres ! Si vous étiez des travailleurs conscients, si vous aviez votre pain à gagner, vous n'auriez pas que ces idées-là dans la tête.

Lyrisse. — Mais nous travaillons aussi, nous autres. Je travaille, moi, et souvent plus de huit heures par jour.

Virginie. — Que vous dites !

Lyrisse. — Et que je fais... Ça ne m'empêche pas d'aimer les femmes. Le travail et l'amour, ça va très bien ensemble. L'amour, c'est la récompense du travail.

Virginie. — Oui... eh ! bien, allez retrouver vos autres femmes, vos actrices, vos étoiles, vos stars, vos girls, je suis du peuple, moi.

Lyrisse. — Elles aussi en étaient... du peuple... enfin pour la plupart. Tu ne ressembles à aucune d'elles. Il y a entre elles et toi la différence qui existe entre ces beaux œillets, qu'on voit chez les grands fleuristes et qui coûtent très cher et qui ne sentent rien, et ces petits œillets d'un rouge vif comme une crête de coq et qui vous ont une odeur poivrée, capiteuse, énervante, enivrante.

Virginie. — Oh ! pour causer bien...

Lyrisse. — Je parle comme un parfumeur démocratique. Eh bien, dans le monde des œillets, ces petits œillets-là sont du peuple, eux aussi, et c'est ceux-là que les vrais connaisseurs apprécient. Au fond, j'approuve mon beau-père.

Virginie. — C'est un connaisseur ?

Lyrisse. — On le dit ! Enfin, voyons, pourquoi es-tu méchante ? Qu'y a-t-il de changé depuis... l'autre jour ?

Virginie. — Il y a de changé, il y a de changé que Coratier a été traité de cocu tout à l'heure et que ça m'a toute remuée, toute secouée à cause de vous, oui, à cause de vous... parce que vous pouviez penser que c'était vrai... que M. La Guithardière et moi... Et vous l'avez pensé... et ce n'est pas vrai... Depuis tout à l'heure je ne sais plus où j'en suis... J'ai des remords, là !... parce que Coratier est un brave homme, un travailleur à qui je n'ai rien à reprocher... Je me ferais honte de le tromper pendant qu'il est à son boulot... et pourtant je sais bien que je ne l'aime plus comme je l'aimais avant... et ce n'est pas la faute à M. La Guithardière... D'abord je n'aime pas les vieux. C'est votre faute à vous... oui, vous... Évidemment il ne parle pas aussi bien que vous, il se parfume au pétrole, il a les ongles noirs, un chandail sale, et il est quelquefois brutal, enfin toutes sortes de choses dont je ne m'apercevais pas avant... Voilà ce que vous avez fait... vous êtes content ? C'est du beau travail !

Lyrisse. — Voyons, puisque c'est comme ça, nous allons causer sérieusement... Dépêchons-nous ; nous n'avons pas trop de temps... Un verre de porto ?

Virginie. — Si vous voulez.

Lyrisse. — J'ai des responsabilités, je ne les nie pas. Je les accepte même avec joie. Vous ne pouvez pas, vous ne devez pas rester ici.

Virginie. — Vous croyez ?

Lyrisse. — En supposant même que M. La Guithardière en arrive à ses fins.

Virginie. — Je vous répète que je n'aime pas les vieux.

LYRISSE. — On ne sait jamais si l'on n'aime pas les vieux. Ils sont attentionnés, ils font des petits cadeaux, c'est leur genre ; mais vous continuerez à végéter dans une situation médiocre, sans avenir, et ce serait dommage... vous êtes si bien partie. Douée comme vous l'êtes, je vois mieux pour vous et puis je connais vos goûts, vos aspirations : vous êtes ambitieuse et vous avez raison; il faut toujours chercher à s'élever et je veux faciliter votre ascension : l'ascension de Virginie ! Vous êtes déjà habituée à plus d'aisance, à plus de coquetterie : ce n'est qu'un commencement, vous ne devez pas vous arrêter en si beau chemin. Et, puisque je ne vous déplais pas, j'ai pensé à quelque chose pour vous, ça va aller tout seul. Vous aviez des scrupules à tromper Coratier, le travailleur Coratier... Nous en faisons un patron. Vous allez voir tout changer d'aspect comme par enchantement !

VIRGINIE. — Comment ça ?

LYRISSE. — Un patron a ses risques et périls ; c'est un homme qu'on trompe dans tous les domaines, à qui on en fait voir de toutes les couleurs. Je suis payé ou, plutôt, je paie pour le savoir. Alors Coratier pourra dire qu'il n'est pas une exception.

VIRGINIE. — Hi ! hi ! hi ! j'ai envie de rire... c'est le porto.

LYRISSE. — Sûrement.

VIRGINIE. — Et je serai patronne ?

LYRISSE. — Dame, la femme du patron.

VIRGINIE. — Et je serai trompée ?

LYRISSE. — A vos risques et périls.

VIRGINIE. — Mais, patronne de quoi ? Un cinéma, je parie ?

LYRISSE. — Non, un garage !

VIRGINIE. — Un garage !

LYRISSE. — Mon beau-père vous a prédit, j'étais là, que votre avenir était dans l'automobile... Grâce à moi, sa prédiction va s'accomplir.

VIRGINIE. — Un grand garage ?

LYRISSE. — Non, pas immense, un bon petit garage... dans un de mes immeubles, il est à louer... vous pouvez y entrer demain.

VIRGINIE. — Avec quoi ? Nous n'avons pas les moyens...

LYRISSE. — Je vous le louerai, comme mon beau-père vous loue la petite maison, là-haut.

VIRGINIE. — Ah ! comme ça...

LYRISSE. — Vous pouvez faire vos affaires, je vous le garantis... d'autant plus que ce sera vous la directrice. Coratier sera sous vos ordres, je suis bien tranquille.

VIRGINIE, elle rit. — Directrice! Est-ce qu'il faut de l'instruction?

LYRISSE. — Dans les affaires, ce n'est pas absolument nécessaire. Vous savez calculer ?

VIRGINIE. — Ça, oui...

LYRISSE. — C'est l'essentiel... En principe, vous acceptez ?

VIRGINIE, elle rit. — Ah! monsieur Lyrisse, comment vous remercier?

LYRISSE. — Tu le sais bien !

VIRGINIE. — Sauvage !

LYRISSE. — Ma petite Virginie... tu es contente ?

VIRGINIE. — Ce que j'ai envie de rire !... Appelle-moi Nini, comme l'autre jour.

LYRISSE. — Voici mon beau-père. Je vous laisse avec lui. Annoncez-lui votre départ.

Il sort.

Scène XIV

VIRGINIE, LA GUITHARDIERE

LA GUITHARDIÈRE. — C'est fait, tout est arrangé ! Lorsque je suis arrivé, d'ailleurs, Yabada les avait déjà séparés... Il m'a suffi de leur parler. C'est le maire qui leur a parlé en ma personne, sévèrement, je vous prie de le croire.

VIRGINIE, riant. — Vous avez mis votre écharpe ?

LA GUITHARDIÈRE. — Non, je n'ai pas eu besoin de ça pour leur faire entendre le langage de la raison. Et, pour calmer votre mari, je l'ai envoyé à la gare.

VIRGINIE. — A la gare ?

LA GUITHARDIÈRE. — Faire une commission avec la camionnette.

VIRGINIE. — Enervé comme il est, vous n'avez pas peur ?...

LA GUITHARDIÈRE. — Mais non, il conduit très bien, n'ayez crainte... Je vous répète que c'est une affaire arrangée... Anselme s'en va...

VIRGINIE. — C'est maintenant inutile qu'il s'en aille, nous lui cédons la place.

LA GUITHARDIÈRE. — Qu'est-ce que ça veut dire ?

VIRGINIE. — Que Coratier et moi nous ne resterons pas quarante-huit heures de plus.

LA GUITHARDIÈRE. — Voyons, vous plaisantez... J'ai renvoyé Anselme, ça vous donne toute satisfaction.

VIRGINIE. — Oh! oui, à part que Fortuné a été traité de cocu devant dix personnes, nous avons toute satisfaction.

LA GUITHARDIÈRE. — Les paroles s'envolent.

VIRGINIE. — Celle-là n'est pas un oiseau. Alors, c'est nous qui nous envolons.

Elle rit.

LA GUITHARDIÈRE. — Ça vous fait rire, moi pas. D'abord, vous ne me laisseriez pas sans chauffeur, dans le plus grand embarras. Et puis, vous en aller ! Ce n'est pas une solution... c'est absurde ! Qu'est-ce que vous ferez? Où irez-vous?

VIRGINIE. — A Paris.

Elle rit, puis elle chante :

Nous irons à Paris... tous les deux!

LA GUITHARDIÈRE, à part. — Pourquoi rit-elle comme ça ?... (Haut.) Vous n'êtes pas malheureuse ici ?

VIRGINIE. — C'est un patelin sans avenir... Il n'y a même pas un cinéma, même pas un garage...

Elle rit.

LA GUITHARDIÈRE. — Vous vivez gentiment, économiquement, dans une petite maison où je suis prêt à vous faire installer tout ce qui vous manque. Voulez-vous la T .S. F. ?

VIRGINIE. — Ah! oui, les petits cadeaux, ça ne mène pas loin. Elle n'est pas à nous, la maison, alors on ne s'y attache pas.

LA GUITHARDIÈRE. — Et si elle était à vous?

VIRGINIE. — Je la louerais tout de suite.

LA GUITHARDIÈRE. — Vous ne paraissez pas, en effet, vous attacher exagérément aux choses ni aux gens et vous oubliez facilement vos promesses.

VIRGINIE. — Quelles promesses?

LA GUITHARDIÈRE. — Demain matin...

VIRGINIE, elle rit. — Je n'y pensais plus ; mais si c'est ça que vous regrettez, de toute façon c'était devenu impossible. Fortuné est averti maintenant...

il se méfie et vous ne savez pas de quoi il serait capable pour venger son honneur... Vous ne l'avez jamais vu en colère... il est terrible.

LA GUITHARDIÈRE. — Il est averti, dites-vous ?

VIRGINIE. — Dame, vous pensez bien qu'Anselme en a dégoisé pendant qu'ils se battaient... Il ne s'est pas gêné... Si nous restions ici, la vie ne serait plus tenable... Nous serions montrés au doigt par les pédezouilles que vous administrez.

LA GUITHARDIÈRE. — Chut, on peut vous entendre !

VIRGINIE. — C'est ça qui m'est égal... Je ne suis pas leur maire. Mon écharpe à moi leur dit...

LA GUITHARDIÈRE, lui fermant la bouche. — Allons, pas de gros mots ! C'est Coratier qui veut s'en aller ou bien vous ?

VIRGINIE. — C'est lui, c'est moi, c'est nous... Comprenez donc qu'il n'y a pas d'avenir ici pour nous... On végète dans une situation inférieure... on est des domestiques, on est chez les autres... impossible de s'élever... on est gêné dans son ascension... tandis qu'à Paris c'est autr' chose... Avec nos relations, nous avons plus de chances de nous débrouiller.

LA GUITHARDIÈRE. — Alors, vous êtes bien décidée ?

VIRGINIE. — Tout à fait décidée.

LA GUITHARDIÈRE. — Eh bien, mon enfant, je ne peux pas vous retenir de force...

VIRGINIE. — Non. (Elle rit.)

LA GUITHARDIÈRE, déconcerté. — Je ne la reconnais plus. J'aimais mieux l'autre. Enfin, c'est comme ça... il n'y a rien à faire... Quelqu'un, et qui n'est pas loin, vous a monté ou tourné la tête... Je vois d'où vient le coup, comme disait ce pauvre Anselme... oui, je vois d'où vient le coup... Quand je suis arrivé, vous causiez avec Lyrisse... (Sur ces derniers mots, on entend un grand bruit de voix au lointain.) Qu'est-ce que c'est encore ?

VIRGINIE. — Un malheur !... Fortuné a fait un malheur !

Eve et Solange apparaissent sur le perron, tandis que Yabada entre. Il a un bandeau sur l'œil.

EVE. — Ah ! Yabada est blessé !

SOLANGE. — Ça devait finir comme ça.

YABADA, riant à belles dents. — Non, non, poçou si l'œil en séparant moussu Coratier et moussu jardinier. Moussu jardinier disait : coucou, coucou.

LA GUITHARDIÈRE. — Quoi, il recommence ? Je l'avais envoyé à la gare.

YABADA. — Justement, en revenant, mal pris virage... entré dans boutique épicier.

VIRGINIE. — J'en avais le pressentiment.

EVE. — Moi aussi.

DUVAL-ANDRÉ, entrant. — Rassurez-vous. L'épicier qui était à son comptoir, n'a été que légèrement contusionné. Tout se borne à des dégâts matériels.

VIRGINIE. — On croit ça... Et puis quelqu'un viendra dire que Coratier n'a pas corné, quand il a corné...

LA GUITHARDIÈRE. — C'est pour moi qu'elle dit ça ?

EVE. — En tout cas, il y a l'assurance.

VIRGINIE. — Et vous savez, à votre place, moi, je ne leur cracherais pas un sou de plus ! Pas un sou !

LYRISSE. — Elle est déjà patronne !

VIRGINIE. — Voulez-vous me laisser arranger ça ?

EVE. — Comment donc ! Faites comme chez vous !

RIDEAU

✳

ACTE III

Quelques mots après. La scène représente le bureau de Virginie, dans le garage où les Coratier sont maintenant installés. Ameublement style anglais, tapis, coussins. Sur le bureau, un vase de Copenhague avec des fleurs un peu fanées. Aux murs, des photographies se rapportant à l'industrie de l'automobile. Par une large baie vitrée, on aperçoit le garage, les voitures.

Au lever du rideau, la scène est vide. Quelques secondes, puis Simone, petite dactylographe. Silhouette très moderne.

Scène première

SIMONE, puis DUVAL-ANDRE, puis LA GUITHARDIERE

SIMONE entre, tenant à la main quelques lettres qu'elle dépose sur le bureau. On entend la sonnerie d'un téléphone placé sur le coin du bureau. A l'appareil. — « Allô, allô, qu'est-ce qui parle ? Ici, Family Garage, oui. Mᵐᵉ Coratier n'est pas là... non, monsieur... Je suis Mˡˡᵉ Simone, la dactylo, je peux lui faire une com-mission, oui... Oui, oui, j'ai bien compris... Que je répète ? Lui dire que le client pour la Renault ne veut pas donner plus de 10.000 parce que c'est une 4 cylindres et que ce n'est pas le nouveau modèle... qu'en plus, elle a beaucoup roulé... C'est bien ça, la commission sera faite. » (Elle raccroche. Pendant les derniers mots, Duval-André est entré.) Ah ! monsieur Duval-André.

DUVAL-ANDRÉ. — Bonjour, mademoiselle Simone... Je vous écoutais téléphoner. C'est un ravissement. Mᵐᵉ Coratier n'est pas là ?

SIMONE. — Elle vient de sortir.

DUVAL-ANDRÉ. — Tant mieux ! C'est vous que je venais voir. Combien gagnez-vous ici, mademoiselle Simone ?

Simone. — Mille francs par mois.

Duval-André. — Et si l'on vous en proposait (Geste.) deux mille ?

Simone. — Deux mille ! mais qui me les proposerait, monsieur Duval-André ?

Duval-André. — Moi, mademoiselle Simone...

Simone. — Et pourquoi me les proposeriez-vous, monsieur Duval-André ?

Duval-André. — Parce que vous me plaisez beaucoup. Béni soit le jour où mon beau-frère Lyrisse m'a amené ici pour l'achat de ma nouvelle voiture ! Je suis venu, je vous ai vue, je suis revenu, et, depuis ce temps-là, je pense à vous comme secrétaire. Ah ! vous voir aller, venir autour de moi ! Vous avez une voix ! Le téléphone devient avec vous une musique. Et la machine à écrire... Je ne sais pas comment vous vous y prenez, vous ne faites pas de bruit... vous tapez comme un ange ! Ah ! quelle gentille secrétaire ! En tout bien tout honneur... pour commencer... après on verrait.

Simone. — Mais je suis fiancée, monsieur Duval-André.

Duval-André. — Ça vous donne encore plus de prix... Et moi, je suis marié.

Simone. — Ça vous en retire beaucoup.

Duval-André. — Marié, oh ! si peu. Réfléchissez, mademoiselle Simone. Si, comme je l'espère, d'ici ce soir une dépêche que j'attends impatiemment n'arrive pas, je viendrai vous demander votre réponse... (Apercevant La Guithardière qui vient d'entrer.) Au revoir, mademoiselle... vous exprimerez à Mme Coratier tous mes regrets de ne l'avoir pas rencontrée.

La Guithardière. — Bonjour, mon bon Fernand.

Duval-André. — Bonjour, mon cher beau-père. J'ai une bonne nouvelle à vous apprendre : votre fille, ma femme... Gisèle, est partie ce matin... Mais, cette fois, je ne sais même pas dans quelle direction. J'en ai assez d'avoir une femme tout le temps sur les routes. Si d'ici ce soir je n'ai pas une dépêche, je me considère comme libre et je prends une maîtresse.

La Guithardière. — Vous ferez très bien, mon bon ami, mais vous n'avez pas besoin de crier ça sur les toits.

Duval-André. — Au contraire. Je veux que tout le monde le sache, mademoiselle principalement. Au revoir, mon cher beau-père.

Il sort en faisant signe à Simone.

Scène II

SIMONE, LA GUITHARDIERE

La Guithardière. — Il est fou ! Est-ce qu'il vient souvent ici ?

Simone. — C'est la première fois que je le vois.

La Guithardière. — Ah ! Bonjour, mademoiselle Simone !

Simone. — Bonjour, monsieur La Guithardière.

La Guithardière. — Vous me reconnaissez ?

Simone. — Vous êtes venu avant-hier.

La Guithardière. — Mme Coratier n'est pas là ?

Simone. — Non, elle vient de sortir.

La Guithardière. — Mais elle rentrera.

Simone. — Bien sûr.

La Guithardière. — Je vais l'attendre.

Simone. — C'est qu'elle a dit qu'elle ne rentrerait pas avant quatre heures.

La Guithardière. — Et vous avez eu peur que je ne trouve le temps long ; mais, si vous me tenez compagnie, je ne m'ennuierai pas.

Simone. — Ce serait avec plaisir, mais j'ai mon travail.

La Guithardière. — Vous pouvez tout de même me donner un renseignement. C'est aussi votre travail. Savez-vous si l'on s'est occupé pour moi d'un chauffeur ?

Simone. — Je ne pourrais pas vous dire.

La Guithardière. — Mon chauffeur, un très joli garçon, a été enlevé par une dame de la colonie chilienne qui demeure dans ma maison. Alors, j'étais venu avant-hier demander à mon amie, Mme Coratier, si elle ne connaîtrait pas quelqu'un de sérieux et de très laid.

Simone. — Je ne suis pas au courant.

La Guithardière. — Mais M. Coratier pourrait peut-être me renseigner. Voulez-vous le prévenir que M. La Guithardière...

Simone. — Le patron n'est pas là non plus, il est à Saint-Ouen.

La Guithardière. — Aux usines Langlois, probablement.

Simone. — Non, non, aux courses.

La Guithardière. — Il va souvent aux courses ?

Simone. — Tous les jours.

La Guithardière. — Il joue ?

Simone. — Il a cette funeste passion... Il a même acheté un cheval, de compte à demi avec un copain... un nommé Mirliflore.

La Guithardière. — Le copain ?

Simone. — Non, le cheval.

La Guithardière. — Un bon cheval ?

Simone. — Ça dépend comme il est disposé... L'autre jour, Donatien a mis cent sous dessus, il est tombé sens dessus dessous.

La Guithardière. — Qui est-ce, Donatien ?

Simone. — C'est mon fiancé.

La Guithardière. — Ah ! ah ! Qu'est-ce qu'il fait ?

Simone. — Il est dans la toile pour avions.

La Guithardière. — Et vous allez bientôt vous marier ?

Simone. — Quand il aura fait son service militaire, pas avant.

La Guithardière. — Quand est-ce son service ?

Simone. — Il part à la fin du mois.

La Guithardière. — Alors, vous allez être seule pendant toute une année ?

Simone. — Il le faut bien.

La Guithardière. — Comme c'est triste ! Etes-vous ambitieuse, mademoiselle Simone ?

Simone. — Ambitieuse, comment ?

La Guithardière. — Vous ne rêvez pas une fortune rapide ?

Simone. — Je ne sais pas trop comment nous ferions une fortune rapide. Je suis dactylo... Donatien est employé...

La Guithardière. — Enfin, vous n'êtes pas ambitieuse, vous avez raison. Aimez-vous la musique, mademoiselle Simone ?

Simone. — Beaucoup, mais pas la musique triste, la musique gaie.

La Guithardière. — Ça, c'est une chose qui dépend des disques.

Simone. — Des disques ?

La Guithardière. — Je vous ai apporté un petit phonographe.

SIMONE. — A moi ?

LA GUITHARDIÈRE. — A vous.

SIMONE. — Mais, monsieur, je ne dois pas accepter.

LA GUITHARDIÈRE. — Pourquoi ? Imaginez que je suis un très vieil ami. Vous accepteriez bien un petit phonographe d'un très vieil ami...

SIMONE. — Tout de même...

LA GUITHARDIÈRE. — Je comprendrais votre hésitation et même vos scrupules s'il s'agissait d'un bijou ou d'un objet d'une valeur compromettante, mais c'est un petit phonographe que j'ai acheté en venant, à tout hasard... Quelque chose me disait que j'aurais la chance de vous trouver seule.

SIMONE. — Je vous remercie beaucoup, monsieur.

LA GUITHARDIÈRE. — Mais c'est moi qui vous remercie, mademoiselle Simone. (Et tout en défaisant le paquet.) Vous allez voir comme c'est gentil. Ça se met dans une petite valise... Vous pouvez l'emporter en voyage, à la campagne, et, tandis que vous déjeunez sous les arbres avec un vieil ami, si sa conversation ne vous passionne pas, vous pouvez vous offrir un petit concert... ou bien le soir, quand vous serez seule bientôt, dans votre petite chambre, en pensant à Donatien.

SIMONE. — Comment ça marche-t-il ?

LA GUITHARDIÈRE. — Je vais vous montrer. Il y a une demi-douzaine de disques, mais je vous en donnerai d'autres, au fur et à mesure. Qu'est-ce que vous désirez entendre ? Une mélodie de Schubert, le *Clair de lune* de Werther, *Raymonde*, la *Chevauchée des Walkyries*, *Ramona* ?

SIMONE. — *Pouët-Pouët* !

LA GUITHARDIÈRE. — J'aurais dû m'en douter. (Il dispose le disque. Au même moment, une auto ronfle dans la cour.) Attendons que cette autre musique soit finie.

Le ronflement cesse. La Guithardière déclenche le mouvement. On entend alors quelques mesures de *Pouët-Pouët*. Simone est ravie. La Guithardière bat la mesure. La porte s'ouvre. Virginie apparaît, joli manteau, joli chapeau, très élégante. Simone a disparu.

Scène III

VIRGINIE, LA GUITHARDIÈRE

VIRGINIE. — Je vous demande pardon de vous avoir dérangés.

LA GUITHARDIÈRE. — Vous ne me dérangez nullement, chère amie. Vous êtes la bienvenue. Je vous attends déjà depuis un petit moment et, en vous attendant, je me divertissais d'un petit phonographe que je vous ai apporté.

VIRGINIE. — A quel propos ?

LA GUITHARDIÈRE. — Je pensais vous faire plaisir.

VIRGINIE. — C'est très aimable, mais vous n'avez pas de cadeau à me faire.

LA GUITHARDIÈRE. — Je suis venu avant-hier vous demander un service... Alors, je pensais...

VIRGINIE. — Voyons, monsieur La Guithardière, nous n'en sommes pas là et, de toute façon, je n'ai pas à accepter un cadeau qui ne m'était pas destiné.

LA GUITHARDIÈRE. — Je vous assure...

VIRGINIE. — Allons, allons, monsieur La Guithardière, on vous connaît. Mlle Simone est gentille... Ah ! vous êtes bien toujours le même. Vous ne la connaissez que d'avant-hier, ça n'a pas été long.

LA GUITHARDIÈRE. — A mon âge, on n'a plus de temps à perdre... Ma dernière expérience m'a prouvé qu'il fallait brusquer les choses. Il ne faut pas être trop délicat. A force d'avoir du tact, on finit par ne rien toucher.

VIRGINIE. — Après tout, c'est votre affaire... Vous le lui donnerez, mais chez elle. Et puis, je n'aime pas beaucoup qu'on vienne distraire mes employés de leur travail, ni faire de la musique dans mon bureau... On peut entendre du dehors. C'est d'un très mauvais effet.

LA GUITHARDIÈRE. — N'en parlons plus. J'étais venu vous demander si vous vous étiez occupée d'un chauffeur pour moi.

VIRGINIE. — Je m'en suis occupée... Ce n'est pas facile, surtout pour le prix que vous voulez donner... Vous désirez quelqu'un de sérieux...

LA GUITHARDIÈRE. — Et de très laid.

VIRGINIE. — On trouve des gens laids qui ne sont pas plus sérieux pour ça. Et puis, ils ont des exigences, ils demandent si on sort le soir, si on va à la campagne, en voyage... Ça n'en finit pas... Enfin, j'en connais un sur lequel j'ai de bons renseignements.

LA GUITHARDIÈRE. — Ah ! ah !

VIRGINIE. — Je l'ai vu : il est affreux, affreux...

LA GUITHARDIÈRE. — Les dames ne me l'enlèveront pas.

VIRGINIE. — Pour ça, non... Seulement, il demande quinze cents francs.

LA GUITHARDIÈRE. — Oh ! oh !

VIRGINIE. — Dame ! il n'a que son métier pour vivre, celui-là !

LA GUITHARDIÈRE. — Très juste... Après tout, s'il les vaut.

VIRGINIE. — Oh ! ça, vous pouvez le prendre les yeux fermés.

LA GUITHARDIÈRE. — S'il est si laid que ça, c'est préférable !

VIRGINIE. — Je lui ai donné rendez-vous ici, ce soir, vers six heures.

LA GUITHARDIÈRE. — Je viendrai.

Coup de téléphone.

VIRGINIE. — Vous permettez ?

LA GUITHARDIÈRE. — Je vous en prie.

VIRGINIE. — « Allô ! allô ! Ah ! c'est vous, des Rivières ? Très bien, merci !... Comment est la Bourse, aujourd'hui ? Nerveuse ? C'est comme moi. Les Corococo ont baissé... Ah ! ça, c'est embêtant... Les Tipécuana ont monté... Quelque chose d'important à me dire... pour l'affaire de Nice ?... Eh bien, venez me voir... à la fin de la journée, c'est ça. Au revoir, des Rivières, et à tout à l'heure. »

LA GUITHARDIÈRE. — Vous connaissez des Rivières ?

VIRGINIE. — Oui, je le connais... c'est un client.

LA GUITHARDIÈRE. — Vous jouez à la Bourse ?

VIRGINIE. — Comme tout le monde.

LA GUITHARDIÈRE. — Soyez prudente.

VIRGINIE. — Oh ! j'ai de bons tuyaux.

LA GUITHARDIÈRE. — C'est des Rivières qui vous conseille ?

VIRGINIE. — Oui, et puis d'autres. (Téléphone.) « Oui, monsieur Coratier, c'est moi... Mais non, je vous l'ai déjà dit... trop chère votre huile, on me l'offre partout bien meilleur marché... Non, non, n'insistez pas... c'est inutile... je n'ai pas de temps à perdre. »

Elle raccroche.

La Guithardière. — Et le garage ? Vous êtes contente ?

Virginie. — C'est une bonne petite affaire. Ce n'est pas le pérou, mais je ne compte pas y rester toute ma vie... L'important, c'est de pouvoir s'en débarrasser à la première occasion dans des conditions intéressantes.

La Guithardière. — Oui, pour la partie commerciale, vous êtes là. Mais qui est-ce qui s'occupe des voitures, des réparations, de la partie technique, puisque Coratier est tout le temps aux courses ?

Virginie. — Qui vous a dit ça ? Mⁿᵉ Simone ?

La Guithardière. — Non, je l'ai entendu dire... on le dit.

Virginie. — Il ne va pas tout le temps aux courses... il y va quelquefois. D'ailleurs, il gagne.

La Guithardière. — Avec Mirliflore ?

Virginie. — Il n'a pas encore gagné avec Mirliflore, mais ça peut venir.

La Guithardière. — Oh ! pour ça, il est verni.

Virginie. — Et puis j'aime mieux que Coratier ne s'occupe de rien. L'automobile, ça ne lui réussit pas.

La Guithardière. — Vous êtes ingrate.

Virginie. — Ça lui réussit indirectement, si vous voulez. Alors, pour la partie technique, j'ai un homme du métier, un garçon très capable. Je le paie cher, par exemple ; mais il ne faut pas regarder à bien rémunérer les capacités... c'est le système américain. Là-bas, le capital a compris que c'était la condition d'un bon rendement ; mais, chez nous, nous sommes en retard, très en retard. Pourquoi me regardez-vous comme ça ?

La Guithardière. — Je vous regarde, je vous écoute, je vous admire. Les femmes ont une grande faculté d'adaptation, c'est entendu, mais, vous, vous êtes surprenante !

Virginie. — Pas tellement.

La Guithardière. — Sans blague... je n'en ai jamais vu une s'adapter avec cette rapidité. Combien y a-t-il de temps que vous avez ce garage ? Huit mois ?

Virginie. — Oui... huit mois.

La Guithardière. — C'est prodigieux ! Et je pense avec plaisir que cette transformation est un peu mon ouvrage.

Virginie. — Votre ouvrage ?

La Guithardière. — Et celui de mon gendre, surtout... Ce bon Lyrisse, je lui en ai voulu d'abord, mais pas longtemps... C'est tout de même moi qui vous ai sortie de votre milieu... Nous vivons à une époque de vitesse où l'on voit tous les jours des marchandes des quatre-saisons devenir millionnaires.

Virginie. — Je n'étais pas une marchande des quatre-saisons.

La Guithardière. — Non, mais vous étiez pressée d'arriver, de monter. Lyrisse s'est trouvé là... J'ai compris que vous ayez préféré courir votre chance avec lui. Et puis vous n'avez pas eu besoin de lui dire à lui : « Je n'aime pas les jeunes gens. »

Virginie. — Je ne vous l'ai jamais dit non plus, à vous.

La Guithardière. — Vous ne me l'avez jamais dit, c'est une justice à vous rendre, mais vous avez dû lui dire à lui que vous n'aimiez pas les vieux, ce qui est beaucoup plus naturel, je le reconnais. Vous m'avez quitté d'une façon un peu brusque, mais c'est oublié. Je n'en suis pas moins content de votre réussite et d'avoir été là au commencement.

J'ai vu le petit poussin sortir de l'œuf tout ébouriffé et je retrouve un petit coq en pâte.

Virginie. — Oh ! en pâte, en pâte !... Je travaille, vous savez ; même un petit garage, ça ne marche pas tout seul.

La Guithardière. — Je sais bien... vous travaillez... et le vieux féministe que je suis s'en réjouit. Tant d'autres femmes à votre place auraient rêvé une vie oisive. Au lieu de ça, vous avez pris en main le gouvernail de ce garage, que je compare provisoirement à un bateau, et vous le dirigez comme si vous n'aviez fait que ça toute votre vie, tout en étant une épouse indulgente et dévouée et, j'en suis sûr, une maîtresse incomparable.

Virginie. — L'amour et le travail, ça va très bien ensemble... L'amour est la récompense du travail.

La Guithardière. — Parbleu ! Alors, vous êtes heureuse ?... Lyrisse est toujours gentil avec vous ?

Virginie. — Très gentil.

La Guithardière. — Pauvre petite !

Virginie. — Pourquoi dites-vous : pauvre petite !

La Guithardière. — C'est un mot d'amitié : pauvre petite, chère petite.

Virginie. — Ah ! bien.

La Guithardière. — Allons, je m'en vais... je m'en vais... ça vaut mieux... je reviendrai ce soir voir le chauffeur affreux.

Virginie. — Je ne vous ai même pas demandé des nouvelles de mon ennemie Mᵐᵉ La Guithardière... pardon !... Mᵐᵉ du Roncin...

La Guithardière. — Oh ! elle n'est pas votre ennemie... C'est loin, tout ça !

Virginie. — Vous la voyez quelquefois ?

La Guithardière. — Je la vois beaucoup tous ces temps-ci... J'ai rendez-vous avec elle tantôt. Elle n'a pas eu de chance depuis notre séparation.

Virginie. — Ah ! Mauvais placements ?

La Guithardière. — Quelque chose dans ce genre-là. Enfin, elle n'a pas eu de chance. Allons, au revoir, ma chère amie.

Virginie. — Vous n'emportez pas votre petit phonographe ?

La Guithardière. — Je le reprendrai tout à l'heure.

Il est sorti. Virginie a sonné. Simone apparaît.

Scène IV

VIRGINIE, SIMONE

Virginie. — A part M. La Guithardière, personne n'est venu pendant mon absence ?

Simone. — Personne... On a téléphoné pour la Renault : le client en offre 10.000.

Virginie. — On ne l'a pas demandée pour rien, pendant qu'on y était ?

Simone. — Non, madame.

Virginie. — C'est encore heureux. Maintenant, mademoiselle Simone, j'ai à vous parler... Je ne suis pas du tout satisfaite de vous.

Simone. — Est-ce que mon travail ?...

Virginie. — Il ne s'agit pas de votre travail, mademoiselle, mais de votre tenue.

Simone. — De ma tenue ? Vous me trouvez trop élégante... ou pas assez ?

Virginie. — Il ne s'agit pas non plus de vos robes, ni de vos souliers, ni de vos bas... Il s'agit de votre tenue morale avec les clients.

Simone. — J'ai une tenue morale, moi, avec les clients ?

Virginie. — Vous avez une façon inconvenante de regarder les hommes !

Simone. — Je les regarde avec mes yeux.

Virginie. — Et puis, ça ne s'explique pas... Ce sont de petites mines, de petits tortillements, de petits chichis... avec tous les hommes, je vous dis... même avec M. Duval-André, je l'ai remarqué.

Simone. — Ah ! ça, madame, je n'y peux rien... c'est dans ma nature.

Virginie. — Faudrait voir à en changer, mademoiselle.

Simone. — On ne se refait pas, madame.

Virginie. — Vous cherchez même à allumer le patron.

Simone. — Lequel ?

Virginie. — Lequel... il n'y en a pas deux. Si vous croyez que je ne me suis pas aperçue de votre petit manège avec M. Coratier.

Simone. — Il n'est jamais là.

Virginie. — Il y est assez, en tout cas, pour que vous lui fassiez des yeux débridés chaque fois qu'il entre dans le bureau. Vous perdez votre temps, d'ailleurs, M. Coratier ne fait pas attention aux femmes.

Simone. — Heureusement pour les femmes.

Virginie. — Et puis je vous prie d'être polie, n'est-ce pas ?

Simone. — Je suis polie... C'est vous qui n'êtes pas polie, qui me dites que j'ai les yeux débridés. Et puis, zut ! si vous n'êtes pas contente de ma tenue morale, on n'est pas mariés ensemble... Je ne suis pas embarrassée pour trouver mieux.

Virginie. — A votre aise... Vous savez, personne n'est indispensable. Mais, si j'ai un conseil à vous donner, même quand vous serez ailleurs, c'est de tâcher de changer votre nature, quoi que vous en disiez. Croyez-moi, ce n'est pas en excitant les vieux messieurs qu'une jeune fille arrive.

Simone. — Ah ça, par exemple, c'est rigolo !

Virginie. — Vous trouvez ? Il n'y a pourtant pas de quoi rire.

Simone. — Oh! si. D'abord, je ne lève pas les vieux, moi. Et puis je vois ce que c'est, vous voulez empêcher les autres de se débrouiller. Vous ne renvoyez vraiment pas l'ascenseur !

Elle sort.

Virginie. — Elles sont extraordinaires : on ne peut plus leur faire une observation sans qu'elles vous mettent le marché en main.

Scène V

VIRGINIE, LYRISSE

Virginie range quelques papiers, commence à écrire. Lyrisse entre.

Lyrisse. — Bonjour, ma chérie.

Virginie. — Ah! tu te décides. Bonjour !

Lyrisse. — Qu'est-ce que tu as ? Tu es fâchée ?

Virginie. — Dame! Voilà huit jours qu'on ne s'est vus.

Lyrisse. — Tant que ça ? Tu es sûre ?

Virginie. — Tu n'as pas compté. Tu ne trouves pas le temps long, toi !

Lyrisse. — Ah ! ma chérie, je suis tellement occupé... des affaires par-dessus la tête !... Tu ne peux pas t'imaginer ce qu'est ma vie en ce moment... un surmenage, un encombrement... Tiens, la place de l'Opéra, le soir, à cinq heures, voilà l'image de ma vie... Mais je t'ai écrit.

Virginie. — Oh! les lettres...

Lyrisse. — Quoi, les lettres ?

Virginie. — On y dit ce qu'on veut.

Lyrisse. — Des choses très tendres.

Virginie. — Oh! les choses tendres... qu'est-ce que ça prouve ?

Lyrisse. — L'amour.

Virginie. — Il me faut d'autres preuves à moi.

Lyrisse. — Comme tu es physique !

Virginie. — Ça veut dire ?

Lyrisse. — Que tu n'es qu'un petit animal !

Virginie. — Amoureux, oui... Enfin tu ne me feras pas croire qu'en huit jours tu n'aurais pas pu trouver un moment, si tu avais bien voulu, pour venir me rejoindre chez nous, là-bas.

Lyrisse. — Là-bas, tu dis bien, à Auteuil !

Virginie. — Tu n'y es pas allé à pied, et puis tu ne trouvais pas que c'était trop loin, dans les commencements, quand tu étais physique toi-même.

Lyrisse. — Ce n'est pas ma faute... Ah! je t'en prie, ne me fais pas de scène... je travaille, là, je travaille...

Virginie. — Qu'est-ce que tu fais ?

Lyrisse. — J'étudie en ce moment de nouvelles poudres, de nouveaux fards pour ces femmes, tu sais, qui veulent avoir la peau brune comme si elles avaient pris des bains de soleil aux bords de la mer... Pauvres idiotes !...

Virginie. — Tu en vis, de ces pauvres idiotes.

Lyrisse. — Je ne te dis pas. Alors, ce sont des expériences de laboratoire très absorbantes, très minutieuses. Je dois remplacer le soleil. Remplacer le soleil, ce n'est pas rien, ça !...

Virginie. — Eh bien, moi, je n'ai pas envie de remplacer la lune.

Lyrisse. — Explique.

Virginie. — Je m'inquiète, je me tourmente, j'ai le cafard quand je ne... quand tu ne me... enfin, quand je n'ai pas ça. Je suis nerveuse... J'ai envie de pleurer... J'attrape tout le monde... Tien, tout à l'heure, j'ai attrapé Simone.

Lyrisse. — Voyons, ma petite Nini, ce n'est pas sérieux.

Virginie. — Si, c'est sérieux.

Lyrisse. — Il faut avoir le contrôle de ses réflexes.

Virginie. — J'ai l'impression que tu ne t'occupes plus de moi, que tu me laisses tomber, que tu ne m'aimes plus.

Lyrisse. — Ce n'est qu'une impression.

Virginie. — Tu as tort de me la donner, cette impression... parce que moi, tu sais, on me fait la cour...

Lyrisse. — Je l'espère bien.

Virginie. — Des propositions magnifiques...

Lyrisse. — Je l'espère bien, mais je t'aime.

Virginie. — Ça t'est égal.

Lyrisse. — Mais je t'aime, je t'adore, tu le sais bien. Si nous n'étions pas dans ce bureau, dans cette cage de verre où l'on ne peut même pas s'embrasser, je t'en donnerais de telles preuves que tous tes doutes s'envoleraient à tire-d'aile, ou alors c'est qu'ils ne savent pas voler.

Virginie. — Oh! pour les boniments, tu es là.

Lyrisse. — Pas seulement pour les boniments. Tu

dis que je ne m'occupe pas de toi, tu es injuste ! Tiens, avant de venir ici, je suis passé chez le carrossier pour ton cabriolet... Il sera épatant, gris perle et grenat, plus exactement gris tourterelle et sang de pigeon.

Virginie. — Gris tourterelle et sang de pigeon ?

Lyrisse. — Oui, ma colombe.

Virginie. — C'est distingué.

Lyrisse. — Très... Comme ça on ne les confondra pas avec le cabriolet de Coratier qui est d'un bien vilain jaune ; et puis, tu sais, tous les perfectionnements : un klaxon pour la campagne, un autre pour les grandes villes, un autre pour les villes au-dessous de 10.000 habitants... et des feux blancs, rouges, verts, violets... l'arc-en-ciel !... et, sur le tableau, un thermomètre, un baromètre, une montre qui marque les éclipses de lune, une boussole marine... Quand ta voiture sera dans le garage, les clients n'auront plus qu'une idée : en avoir une pareille. Alors, tu vois d'ici pleuvoir les commissions !

Virginie. — C'est vrai... Oh ! mon chéri... Et quand est-ce que je l'aurai ?

Lyrisse. — On me l'a promis pour la fin de la semaine. Tu es contente ?

Virginie. — Oui, si tu m'aimes ; parce que tu sais, j'aime mieux l'amour sans cabriolet que le cabriolet sans amour.

Lyrisse. — Ça, c'est gentil, tu es adorable... Aussi, tu as l'amour et le cabriolet !...

Virginie. — Ah ! si l'on pouvait s'embrasser !

Lyrisse. — Oui, mais on ne peut pas... Alors, tu vas m'offrir une tasse de thé. (Virginie prépare le thé, fait chauffer l'eau sur une casserole électrique, prend dans une petite armoire un service à thé qu'elle dispose sur la table, Lyrisse, regardant les fleurs dans le vase de Copenhague.) Elles penchent un peu la tête, tes fleurs.

Virginie. — Elles ont huit jours, comme moi, elles se dessèchent.

Lyrisse. — Oh ! mais, toi, tu ne te dessèches pas... Tu n'as jamais été si jolie. En sortant d'ici, je vais t'envoyer des fleurs.

Virginie. — Dis donc, quand j'aurai mon cabriolet, on fera un petit voyage ensemble ?

Lyrisse. — Si tu veux.

Virginie. — On ira... à Venise.

Lyrisse. — Tu as de bien mauvaises lectures.

Virginie. — C'est toi qui m'as conseillé de lire... tu m'as dit que, dans ma nouvelle situation, je devais lire un peu... Alors je lis des livres où il y a de l'amour.

Lyrisse. — Et ils parlent de Venise, naturellement. Mais c'est de la folie... C'est un voyage de quinze jours, au moins... Nous ne pouvons pas quitter, moi mon laboratoire et toi ton garage, pendant tout ce temps-là.

Virginie. — Pour une fois que je te demande quelque chose, tu me refuses.

Lyrisse. — Non, non, pas Venise... Auteuil, tant que tu voudras. A Venise, d'abord nous risquerions de rencontrer mes beaux-parents qui voyagent en secondes... en secondes noces... Oui, figure-toi, le divorce ne leur ayant pas réussi, je crois qu'ils songent à se remarier... Ils flirtent beaucoup en ce moment.

Virginie. — Tiens, à propos, M. La Guithardière sort d'ici. Il me demande de lui trouver un chauffeur.

Lyrisse. — Il est convenable avec toi ?

Virginie. — D'autant plus que c'est Mlle Simone qui l'intéresse. Il lui a apporté un petit cadeau.

Lyrisse. — Cher beau-père !... Ah ! c'est bien vrai qu'on ne change jamais sa nature. Après sa mésaventure avec toi, il a voulu connaître une femme chic.

Virginie. — Dis donc !

Lyrisse. — Une femme en vue, comprends-moi. Ah ! elle lui en a fait voir, la femme en vue. Ça lui a coûté un argent fou. Alors, il en revient aux petites débutantes.

Cependant, Virginie a préparé le thé. Elle est en train de remplir une des deux tasses lorsque Simone entre.

Simone. — Il y a là une dame qui attend depuis un moment.

Virginie. — Eh bien, qu'elle attende un autre moment ! Elle n'a pas dit son nom ?

Simone. — Si. Duroussin, Duroncin... quelque chose comme ça. Elle a un noir.

Virginie. — Où ça ?

Simone. — A la porte. C'est un chauffeur.

Virginie. — Expliquez-vous. Vous me dites un noir. Je ne peux pas deviner que c'est un chauffeur. Faites-la entrer sans le noir.

Simone est sortie.

Lyrisse. — Ma belle-mère ! Je me sauve... Je vais faire un tour dans le garage... ou plutôt, non, je vais t'envoyer des fleurs. Je reviendrai tout à l'heure.

Scène VI

EVE, VIRGINIE

Eve. — Bonjour, madame.

Virginie. — Bonjour, madame.

Eve. — Je ne vous dérangerai pas longtemps.

Virginie. — Mais tout le temps que vous voudrez, madame.

Elle lui fait signe de s'asseoir.

Eve. — Nous ne nous sommes vues que deux fois, madame, mais dans des circonstances qui ne s'oublient pas.

Virginie. — Non... la première fois, c'est tout juste si vous ne m'avez pas mise à la porte.

Eve. — C'est pourtant vrai... J'ai eu tort et je le regrette.

Virginie. — N'en parlons plus.

Eve. — Notre seconde rencontre eut lieu à Montfort où je m'étais arrêtée mal à propos pour assister à une petite scène...

Virginie. — Dont je regrette à mon tour de vous avoir donné le spectacle, mais j'étais énervée et je n'avais plus le contrôle de mes réflexes.

Eve. — Ah !

Virginie. — Quand on entend traiter son mari comme on avait traité le mien !

Eve. — Le sang ne fait qu'un tour... trois petits tours si vous voulez !

Virginie. — Mettez-vous à ma place.

Eve. — J'en aurais fait tout autant.

Virginie. — Là-dessus, toutes les femmes ont la même mentalité.

Eve. — J'allais le dire... D'ailleurs, vous avez protesté avec une telle énergie !

Virginie. — Je disais la vérité.

Eve. — Et la vérité avait, dans votre bouche, un accent qui ne trompe pas, lui... Ça m'a beaucoup plu... Oui, ce jour-là, à Montfort, vous m'avez convaincue de l'innocence de vos relations avec mon mari, qui n'était plus mon mari, mais qui pourrait le redevenir... qui pourrait le redevenir.

VIRGINIE. — J'entends bien.

EVE. — Et c'est même pour ça que vous me voyez ici... J'ai beaucoup hésité... Je désirerais vous poser une question, madame.

VIRGINIE. — Si j'y puis répondre, madame...

EVE. — Certainement, vous le pouvez et vous êtes seule à le pouvoir. Mon Dieu, comment vous dire ! C'est assez délicat, mais nous sommes entre femmes, n'est-ce pas ? Je suis certaine que vous comprendrez, que vous excuserez ma démarche.

VIRGINIE. — Quand je saurai de quoi il s'agit.

EVE. — Eh bien, voilà. On est venu me raconter dernièrement que vous dirigiez un garage, celui-ci : *Family-Garage*. Alors, j'ai supposé immédiatement — oh ! immédiatement, je ne vous le cache pas — que ce qui n'était pas vrai l'été dernier à Montfort avait pu devenir une réalité à Paris.

VIRGINIE. — Je ne comprends pas.

EVE. — Enfin que les relations avaient pu se resserrer... bref, que c'était à Hector, à M. La Guithardière que vous deviez cette nouvelle situation... que c'est lui qui vous avait installée...

VIRGINIE. — M. La Guithardière n'est pour rien dans ma nouvelle situation. Je vous le jure.

EVE. — Vous me le jurez ?

VIRGINIE. — Je vous le jure. Mais pourquoi ne le lui avez-vous pas demandé à lui ?

EVE. — A quoi bon ! Les hommes ne disent jamais que ce qu'ils veulent... Non, j'ai préféré venir vous trouver... Vous avez une nature un peu brusque, mais franche. C'est ce qui m'a encouragée. Alors, ce n'est pas M. La Guithardière ?

VIRGINIE. — Encore une fois, non !

EVE. — Je ne vous demande pas qui c'est. Chacun arrange sa vie comme il l'entend et se débrouille comme il peut. Je me disais aussi, à la réflexion, un garage, c'est bien important.

VIRGINIE. — Pour moi ?

EVE. — Non, pour lui. Ce n'est guère dans ses habitudes. Je ne dis pas, notez bien, que vous êtes incapable de faire sortir un homme de ses habitudes... Vous êtes intelligente, amusante, originale.

VIRGINIE. — Oh !

EVE. — Si... si... originale. Alors, vous n'avez jamais revu M. La Guithardière depuis ce fameux jour, à Montfort ?

VIRGINIE. — Je l'ai revu avant-hier pour la première fois. Il était venu me demander de lui trouver un chauffeur... Il est revenu et je lui ai dit que je lui en avais trouvé un, et il reviendra ce soir pour s'entendre avec lui.

EVE. — J'aime mieux ça... Mais vous vous apprêtiez à prendre le thé... Il ne faut pas que ce soit moi qui vous empêche.

VIRGINIE. — Si j'osais, madame...

EVE. — Osez, osez...

VIRGINIE. — Je vous en offrirais une tasse.

EVE. — On dirait même que vous m'attendiez, il y a deux tasses ; mais du moment que la deuxième n'était pas destinée à M. La Guithardière, j'accepte.

VIRGINIE. — Combien de sucres ?

EVE. — Deux, s'il vous plaît.

VIRGINIE. — Un peu de lait ?

EVE. — Un gros nuage. Vous m'êtes décidément très sympathique, madame Coratier, très.

VIRGINIE. — Je suis confuse.

EVE. — Ne soyez pas. Je veux vous parler à cœur ouvert... Je me sens en confiance avec vous... Ce que vous m'avez dit m'a décidée : je vais reprendre la vie commune avec M. La Guithardière.

VIRGINIE. — Vous ferez peut-être bien.

EVE. — Vous comprenez, Hector s'ennuie... Il n'est plus jeune, il n'a pas d'intérieur, et un homme comme lui, à son déclin, préfère un intérieur même tourmenté à pas d'intérieur du tout. Oh ! je ne me fais pas d'illusions... il continuera à voir ses petites bonnes femmes, mais ça n'a aucune importance.

VIRGINIE. — Je ne sais pas comment je dois le prendre...

EVE. — Très bien... Vous, ce n'est pas la même chose. Il lui faudra toujours un petit roman dans sa vie... un petit roman populaire. De mon côté, j'ai fait l'expérience de la liberté. Eh bien, voulez-vous que je vous dise, ma petite Virginie ? Les embêtements qu'on a dans le mariage ne sont rien auprès de ceux qui vous attendent à travers champs. Il ne faut pas faire trop tard l'expérience de la liberté. Je viens d'en avoir un exemple sous les yeux. J'avais une amie qui s'est rendue libre à peu près dans les mêmes conditions que moi. : trop tard ! Elle a cru qu'une fois divorcée elle allait énormément s'amuser. Ah ! bien oui !... Elle apportait dans l'amour les illusions de la jeunesse... je dis bien, de la jeunesse : elle n'avait jamais trompé son mari, et une femme qui n'a jamais trompé son mari demeure d'une naïveté à ne pas croire... à ne pas croire ! Voyez-vous, quand on a du cœur et de l'imagination, on y est toujours de sa poche. Ah ! les jeunes générations ont peut-être raison. Je vois mes filles, mes gendres, leurs ménages, c'est extraordinaire ! Ma fille aînée, Gisèle, n'aime pas Duval-André... Elle est tout le temps en voyage ; mais elle garde son mari comme on met de l'argent de côté pour ses vieux jours. Quoi qu'il arrive, mon enfant, gardez votre mari, gardez Coratier.

VIRGINIE. — Mais je n'ai pas l'intention...

EVE. — On ne sait jamais.

VIRGINIE. — Vous ne voulez pas prendre une autre tasse de thé, madame ?... Vous ne voulez pas vous asseoir ?...

EVE. — Non, j'ai besoin de remuer... Quand je donne des conseils, il faut que je remue. Mon autre fille, Solange, pourvu que Lyrisse fasse de l'argent et lui donne tout ce qu'elle veut — et pour ça il est généreux — elle n'en demande pas davantage ; mais elle garde son mari. Gardez votre mari, gardez Coratier.

VIRGINIE. — Mais je le garde.

EVE. — Et elle a du mérite, ma fille Solange, vous savez, elle a eu du mérite, surtout dans les commencements... Très gentil, Lyrisse, mais la plume au vent, le papillon dans la parfumerie, volant de fleur en fleur, d'essence en essence, de flacon en flacon. Le printemps dernier, il faisait mille folies pour Arlette Montrésor... Depuis quelque temps, il se tenait tranquille, on le croyait rangé, et puis le voilà reparti dans les jambes de cette danseuse anglaise, Florence Bacon... C'est sa nouvelle toquade... Il s'affiche avec elle ; tous les soirs il est dans sa loge.

VIRGINIE. — Ah !

EVE. — Qu'est-ce que vous avez ?

VIRGINIE. — Ah ! madame, c'est affreux... affreux !...

Elle pleure.

EVE. — Ah ! mon Dieu, qu'est-ce que j'ai fait là ?... Une gaffe, c'est certain. Comment, vous aussi ? Ah ! ma pauvre petite, ma pauvre petite !... Je ne savais pas... je vous demande pardon. Alors, c'est lui qui vous a installée ici ?... Je vous jure que je ne savais pas...

VIRGINIE. — Il ne s'en est pas vanté... Je ne suis pas une femme en vue, moi... Je ne lui fais pas honneur.

EVE. — L'imbécile, l'imbécile ! Une gentille petite femme comme vous ! Mais c'est bien vrai qu'on ne change pas sa nature. Il ne peut aimer qu'en vedette, celui-là ! Et moi qui croyais que c'était Hector ! Je suis bien contente... c'est-à-dire que je suis désolée ; je vous plains de tout mon cœur.

VIRGINIE. — Tout à l'heure encore il me jurait qu'il n'aimait que moi.

EVE. — Je sais bien, ça n'empêche pas. Après tout, vous savez, j'ai dit ça...

VIRGINIE. — Non, non, vous l'avez dit...

EVE. — Vous l'auriez appris tôt ou tard... C'est douloureux, sur le moment, mais dites-vous que quatre-vingt-dix-neuf fois sur cent on guérit. Vous faites votre apprentissage, vous êtes entrée un peu brusquement dans la bourgeoisie. Pour la toilette, les manières, les affaires, vous vous êtes mise très vite au courant. Mais, pour le sentiment, permettez-moi de vous parler comme à une amie, pour le sentiment, vous êtes encore un peu près du peuple : vous aimez, vous êtes jalouse, vous souffrez...

VIRGINIE. — J'ai un cœur.

EVE. — Mais oui... Eh bien, il ne faut pas le surmener. Vous n'êtes pas encore adaptée... Vous n'êtes pas encore arrivée à ce balancement conscient et intégral de nos jeunes femmes à la page pour qui l'argent, seul, a de l'importance. Vous trompez votre mari, c'est le premier mouvement ; mais tromper le mari et se ficher de l'amant, voyez-vous, c'est autre chose... On y arrive très vite... Vous êtes jeune, intelligente, charmante... vous n'aurez pas de peine à vous replacer... je veux dire à trouver un homme qui vous comprenne.

VIRGINIE. — Oh ! celui-là, qu'il me comprenne ou qu'il ne me comprenne pas, il paiera pour l'autre !

EVE. — Parfait ! Mais pas de bêtises : gardez Coratier.

VIRGINIE. — Soyez tranquille, j'ai de la volonté. Merci, madame, vous m'avez parlé comme une mère.

EVE. — Comme une amie.

VIRGINIE. — Non, je dis bien, comme une mère.

EVE, *à part.* — Elle y tient !

VIRGINIE. — Je vais profiter de vos conseils... Le sentiment, vous dites que c'est de la blague. Compris ! Je vous le rends, votre gendre !

EVE. — Oh ! moi... soyez bien persuadée que je ne vous ai pas parlé en belle-mère. Vous ne m'en voulez pas... Je n'étais pas venue dans l'intention de vous faire de la peine. Vous m'êtes très sympathique, très... et, si vous avez encore besoin de moi, ne vous gênez pas, ne craignez pas d'abuser. D'ailleurs, vous me permettrez bien de revenir de temps en temps avec M. La Guithardière pour vous dire bonjour, à vous et à mon cher contusionné ?

VIRGINIE. — Mais certainement.

EVE. — Allons, au revoir, ma chère petite, à bientôt ! (*Elle l'embrasse.*) A bientôt !

Scène VII

VIRGINIE, LYRISSE

LYRISSE. — Elle est partie ? Elle est restée quelque temps. Oh ! mais vous êtes très bien ensemble, vous avez fait la paix, bravo ! Vous avez pris le thé, elle a même bu dans ma tasse... enfin dans la tasse qui m'était destinée. Ça est Family-Garage, sais-tu ?

VIRGINIE. — Tu es gai !

LYRISSE. — Mais regarde-moi donc... tu as pleuré, toi ? Qu'est-ce qu'elle t'a donc dit, belle-maman ?

VIRGINIE. — Qu'elle se remariait avec M. La Guithardière.

LYRISSE. — Et c'est ça qui t'a fait pleurer ?

VIRGINIE. — Oui, de joie.

LYRISSE. — Nini, tu me caches quelque chose. Est-ce qu'elle serait au courant de nos... enfin, est-ce qu'elle t'a fait des reproches ?

VIRGINIE. — Oh ! non, au contraire, elle m'a consolée.

LYRISSE. — Consolée... de quoi ?

VIRGINIE. — De Florence Bacon.

LYRISSE. — Qu'as-tu à faire avec Florence Bacon ?

VIRGINIE. — Et toi ?

LYRISSE. — Moi... rien... je ne la connais pas.

VIRGINIE. — Tu ne la connais pas ?... Tu ne la connais pas ?

LYRISSE. — Je ne l'ai jamais vue... je ne lui ai jamais parlé.

VIRGINIE. — Tu mens bien. Tu t'affiches avec elle. Tout le monde le sait, mais j'ai été la dernière à l'apprendre, naturellement.

LYRISSE. — Alors, c'est ma belle-mère qui t'a dit ça ? Je ne l'aurais pas crue capable...

VIRGINIE. — Oh ! elle ne l'a pas fait exprès. C'est venu dans la conversation.

LYRISSE. — Charmant !

VIRGINIE. — Elle ne l'a pas fait exprès, elle était même désolée. Elle ne savait pas. Je ne suis pas une vedette, moi, une étoile dont on voit le portrait sur tous les murs avec des cheveux violets, des joues vertes, des dents bleues et les yeux plus grands que le ventre... puisque c'est ces femmes-là qu'il te faut à toi.

LYRISSE. — Et tu n'as pas compris que ma belle-mère a inventé ça pour te détacher de moi ?

VIRGINIE. — Elle y a réussi, d'ailleurs... Et puis Mme La Guithardière n'a rien inventé.

Sur ces derniers mots, Simone est entrée avec des fleurs.

SIMONE. — Madame, on vient d'apporter des fleurs.

VIRGINIE. — C'est bien... posez ça là.

Simone est sortie.

LYRISSE. — Ce sont mes fleurs... Tu ne les regardes même pas... Elles sont jolies, tu sais... Tu boudes ?... Mais je vois d'où vient l'erreur... Quelques mots suffiront à la dissiper.

VIRGINIE. — Cause toujours.

LYRISSE. — Parbleu ! C'est encore un tour que me joue mon sosie.

VIRGINIE. — Ton quoi ?

LYRISSE. — Mon sosie... Ecoute-moi... Il y a à Paris un type qui me ressemble d'une façon extraordinaire.

VIRGINIE. — Tu ne me l'as jamais dit.

LYRISSE. — Parce que ça ne s'est pas trouvé... Il en est très fier, d'ailleurs.

Virginie. — Il n'y a pourtant pas de quoi.

Lyrisse. — C'est ton opinion, ce n'est pas la sienne... Qu'à chaque instant on le prenne pour moi... ça le pose, tu comprends ? Ah ! celui-là, pour un fêtard, c'en est un. Combien de fois ne m'a-t-on pas dit : « Vous étiez cette nuit au Lido ou à la Coupole... », et ce n'était pas moi, c'était Bouchon.

Virginie. — Tiens, il a changé de nom ! Tu disais Sosie, tout à l'heure.

Lyrisse. — Sosie est un personnage dont Mercure avait pris les traits...

Virginie. — Écoute, mon petit, finissons-en... Tu me prends pour une autre... Tu as de l'esprit, de l'instruction, c'est entendu... Tu espères t'en tirer en faisant le cabot. Tu te dis : « Cette petite, je la roulerai comme une crêpe ! » Eh bien, tu ne me connais pas. C'est pas de ça qu'il s'agit... Non, non, mon vieux, tu te gourres.

Lyrisse. — Tu deviens vulgaire.

Virginie. — Je deviens vulgaire parce que je souffre. Alors, je reprends mon langage. Quand ta belle-mère m'a servi ça, tout à l'heure, je ne dirai pas que ça ne m'a rien fait. J'ai pleuré, mais, maintenant, je ne pleure plus et j'ai pris mon parti. Pendant ces huit jours où je n'ai pas vu le bout de ton nez, ça a marché là-dedans... et je me disais : « Si j'acquiers la certitude qu'il me trompe, ça sera fini, fini, fini. Eh bien, je l'ai, la certitude. Rien qu'à la façon dont le père La Guithardière m'a regardée tout à l'heure, quand il m'a demandé si tu étais gentil avec moi et dont il m'a dit : « Pauvre petite ! », j'avais senti quelque chose là.

Lyrisse. — S'il ne t'a dit que pauvre petite...

Virginie. — Il ne m'en a pas dit plus, parce que c'est un homme ; il a le contrôle... Mais je comprends bien maintenant qu'il mourait d'envie de me dire le reste. Je ne veux pas que tu te paies ma tête et que notre beau-père me plaigne... Ah ! ça non, très peu pour moi... Alors, bonsoir.

Lyrisse. — Voyons, c'est fou, c'est idiot ! Quand ce serait vrai, quand j'aurais eu un caprice, une fantaisie pour Florence Bacon, tu ne pourrais pas me pardonner ?

Virginie. — Non.

Lyrisse. — Tu es trop exclusive, trop intransigeante. Il faut bien te dire qu'un homme dans ma situation, on ne doit pas le juger comme le Français moyen, l'homme de la rue.

Virginie. — Qu'as-tu donc de si particulier ?

Lyrisse. — Tu le demandes ? Mais je suis un inventeur, un artiste, un créateur. J'ai besoin de sensations pour créer. Il faut que je me renouvelle sans cesse.

Virginie. — Oh ! mon vieux, dis ça à ta femme.

Lyrisse. — Elle ne m'en demande pas tant et tu devrais bien faire comme elle.

Virginie. — J'y arriverai, j'y arrive... Il paraît que, pour le sentiment, je suis encore près du peuple, mais je m'adapterai. J'ai appris que les seules choses qui comptent dans ton monde, c'est l'argent et c'est le plaisir. L'argent, j'en gagnerai et, le plaisir, je le prendrai où je le trouverai, mais pas avec toi...

Lyrisse. — Mais je ne l'entends pas comme ça, moi. Je t'aime, je tiens à toi.

Virginie. — La preuve !

Lyrisse. — Ça n'a aucun rapport... Certainement, je tiens à toi parce que...

Virginie. — Parce que je te plaque.

Lyrisse. — Parce que tu es ma création, mon invention, presque mon parfum. Tu ne t'imagines pas que je vais te laisser t'évaporer.

Virginie. — Non, non. Quand j'ai dit non, c'est non... D'abord, ce serait toujours à recommencer... Après Florence Bacon, une autre... Tu changeras, mais tu ne te changeras pas.

Lyrisse. — Je reviendrai plutôt tous les jours te supplier...

Virginie. — Inutile... je quitte Paris.

Lyrisse. — Ah ! et où vas-tu ?

Virginie. — Pas à Venise, ni à Auteuil... à Nice.

Lyrisse. — Ce n'est pas la saison.

Virginie. — C'est toujours la saison pour prendre un magnifique garage dont on m'offre la direction... Le temps de vendre celui-ci, et je file.

Lyrisse. — Tu es pratique.

Virginie. — Faut bien.

Lyrisse. — Et quel est l'heureux mortel qui t'accorde ainsi sa confiance ?

Virginie. — Si on te le demande, tu diras que c'est Sosie.

Lyrisse. — Bon. C'est personne.

Virginie. — Tu as vu ça de ta fenêtre ? C'est bel et bien quelqu'un. Tu veux savoir son nom ? Des Rivières... Il me téléphonait encore tantôt... il s'intéresse à moi... Oh ! en tout bien tout honneur... L'aventure, tu sais, j'en ai assez.

Lyrisse. — C'est égal... après tout ce que j'ai fait pour toi...

Virginie. — Oh !

Lyrisse. — Je veux dire : après ce que j'ai fait moralement pour toi.

Virginie. — J'aurai été, dans ta carrière sentimentale, une nouveauté. Mettons que tu t'es amusé à m'élever pour que je tombe d'un peu plus haut dans tes bras. Oui, moralement, comme tu dis, c'est de la belle ouvrage.

Lyrisse. — Mais non, j'ai rapproché les distances.

Virginie. — Tu as fait de moi une bourgeoise.

Lyrisse. — Tu avais des dispositions.

Virginie. — Comme tu dis ça ! Tu ne m'as pas introduite dans ta société pour que je la purifie ?

Lyrisse. — Non.

Virginie. — Ni pour que je la corrompe.

Lyrisse. — Non plus. Elle t'a absorbée, je le vois bien. J'aurai été un agent de liaison, un agent congédié. J'aurais même droit à une indemnité de congédiement.

Virginie. — Eh bien, ne compte pas sur moi pour la recevoir. Oui, je m'en vais à Nice... Ça vaut mieux... c'est loin, on ne se reverra plus... Je vais faire un voyage dans mon beau cabriolet... à moins que tu ne veuilles me le reprendre.

Lyrisse. — Ce n'est pas bien ce que tu dis là.

Virginie. — C'est vrai, je te demande pardon... Pour ça, tu es très chic.

Lyrisse. — J'ai été bête, j'en suis puni.

Virginie. — On a un peu de chagrin, on n'en meurt pas... mais il n'est pas non plus indispensable d'en vivre. Dis-moi seulement que je ne déparerai pas trop ta collection et même que je suis la femme qui répondra le mieux à ta marque de fabrique : le parfum démocratique.

Lyrisse. — Alors, laisse-moi lui trouver un nom... un nom très doux... par exemple le souvenir de Ninette. Je le donnerai à une de mes compositions et ainsi, loin l'un de l'autre, nous nous reconnaîtrons.

Virginie. — Eh bien, à la bonne heure, ça c'est gentil! Ah! si tu n'avais jamais dit qu'à moi des choses gentilles comme ça !

Lyrisse. — Je ne serais plus un parfumeur démocratique. Tu oublies que je me dois à tous.

Virginie. — Et à toutes.

Scène VIII

LYRISSE, VIRGINIE, puis LA GUITHARDIERE, puis EVE, puis SIMONE

Lyrisse, à La Guithardière qui a entr'ouvert la porte. — Entrez, père, entrez, vous n'êtes pas indiscret.

La Guithardière. — Je croyais... (A Virginie.) Je venais voir si le chauffeur dont vous m'avez parlé était là.

Virginie. — Non, pas encore, mais il ne tardera pas.

La Guithardière. — En l'attendant, Mme La Guithardière, qui est venue avec moi, voudrait vous annoncer elle-même une heureuse nouvelle. Eve, tu peux entrer.

Eve, qui est entrée. — Ma chère petite Virginie, nous reprenons la vie commune et j'ai voulu que vous fussiez la première à l'apprendre. Car c'est bien grâce à vous...

Virginie. — Comment?

Eve. — Dame, si je n'avais pas manqué d'écraser Coratier!... Ç'a été le point de départ.

La Guithardière. — Assurément.

Virginie, prenant sur le bureau les fleurs de Lyrisse. — Que je suis contente, madame... Permettez-moi de vous offrir ces fleurs.

Eve. — Mais je ne voudrais pas...

Virginie. — Si, si, acceptez-les, je vous en prie. Et moi, madame, je vous annonce aussi une bonne nouvelle: je vais vendre mon garage.

Eve. — Vraiment?

Virginie. — Oui, on nous en propose un beaucoup plus conséquent à Nice, un garage qui met à peine cinq ans pour mûrir le million... Et monsieur Lyrisse, à qui j'en parlais, me conseille vivement d'accepter.

Eve. — Somme toute, l'accident arrivé par ma faute à votre mari a été pour tout le monde un heureux accident. La seule chose que je regretterai dans ce nouveau coup de fortune, c'est de ne plus vous voir. J'aurais eu plaisir à venir bavarder ici de temps en temps, à prendre avec vous une tasse de thé, comme tantôt.

Virginie. — Moi aussi, madame, ç'a été si charmant!

Eve. — Mais vous reviendrez à Paris... peut-être plus tôt que vous ne le pensez.

La Guithardière. — Pourquoi pas? De garage en garage...

Virginie. — Monsieur La Guithardière, vous ne reprenez pas votre petit paquet?

Eve. — Qu'est-ce que c'est?

La Guithardière. — Un petit phonographe que je te destinais, chère amie, et que j'avais déposé ici, tantôt, afin de ne pas m'en embarrasser.

Eve. — Que tu es aimable! Comme on me gâte... Ce n'est pourtant pas ma fête? Eh bien, ma petite Virginie, puisque vous partez, tous nos meilleurs vœux vous accompagnent. Nous aurions bien voulu dire adieu à votre cher mari...

La Guithardière. — Mais il est absent, je crois.

Virginie. — Le voici justement qui revient des courses... J'ai reconnu sa corne... Je vais l'appeler. (Elle entr'ouvre une fenêtre et parle à son mari supposé dans la cour du garage.) Coratier, il y a du monde qui t'attend... viens vite... (A Mme La Guithardière.) Ne faites pas attention... il est couvert de poussière... il n'ose pas se montrer. (Elle ouvre la porte.) Mais viens donc... n'aie pas peur... on t'excusera...

Et le rideau tombe sans que Coratier ait le temps de se faire voir.

RIDEAU

L'Ascension de Virginie au théâtre de la Michodière.

Les collaborations les plus fructueuses sont souvent celles d'esprits différents. M. Maurice Donnay et M. Lucien Descaves en sont un exemple. Le premier est le type de l'auteur spirituel et parisien, tandis que le second semble plutôt attiré vers la gravité des problèmes sociaux. Cela ne les a pas empêchés d'écrire ensemble, il y a une vingtaine d'années, deux pièces qui connurent le plus grand succès et où, précisément, l'élément social qu'elles comportaient était rendu moins austère par une sorte de grâce ironique : c'étaient *Oiseaux de passage* et *la Clairière*, que *L'Illustration Théâtrale* a d'ailleurs publiées l'une et l'autre dans ses numéros du 20 mars 1904 et du 10 avril 1909. Après un long espace de temps, les deux collaborateurs de jadis, devenus tous deux académiciens, l'un parmi les Quarante, l'autre dans le cénacle d'Edmond de Goncourt, se sont retrouvés pour nous donner cette aimable et souriante *Ascension de Virginie* qui triomphe actuellement sur la scène de la Michodière. Le sujet était ici davantage celui d'une comédie légère : mais, dans la manière dont il est traité, il prend une portée plus large et plus profonde d'observation des mœurs et, presque, de satire sociale. Est-ce à dire que tous les traits plaisants dont cette pièce abonde doivent être imputés à M. Maurice Donnay, tandis que M. Descaves y a apporté la signification sérieuse ? Ce serait sans doute se montrer injuste pour les deux auteurs que de vouloir de la sorte préciser leur rôle. Aussi bien la collaboration garde-t-elle toujours quelque chose de mystérieux et de secret qu'il ne faut pas trop chercher à approfondir. Ce qui importe seulement, c'est le résultat. Il s'est traduit, cette fois encore, par une réussite complète dont témoignent les louanges de la critique.

***

Le titre de la pièce suffirait presque, à lui seul, à en indiquer le sujet. M. Etienne Rey fait à ce propos, dans *Comœdia*, une spirituelle remarque avant de dire sa sympathie pour l'ouvrage :

« Le théâtre d'avant guerre aimait beaucoup s'occuper des femmes qui tombent... Il ne s'occupe plus aujourd'hui que des femmes qui montent. D'ailleurs, il n'y a plus de femmes qui tombent, il n'y a que des femmes qui s'élèvent, et avec quelle rapidité !

C'est un des traits frappants des mœurs actuelles, un de ceux qui ont transformé le plus complètement la société.

» MM. Maurice Donnay et Lucien Descaves, qui ont toujours jeté sur leur époque, ou plutôt sur les deux époques qu'ils ont vécu, des regards curieux et vifs, et qui se sont amusés à suivre attentivement ces modifications des mœurs, viennent d'écrire sur cette ascension des femmes une pièce légère et spirituelle, fort amusante, qui a l'air, parfois, faite de ces riens charmants, de ces hors-d'œuvre où se complaisait jadis le théâtre du boulevard, mais qui cache, sous son aspect frivole, un fonds d'observation des plus sérieux et des plus vrais. C'est dans des pièces de cet ordre, qui paraissent ne toucher à rien, que les historiens futurs pourront noter le plus sûrement les transformations de la société. »

Dans *le Journal*, M. G. de Pawlowski, avec non moins d'esprit et d'élogieuse estime, écrit :

« Dans une série d'avant-premières parues ces temps derniers, les auteurs nous avaient affirmé eux-mêmes qu'il s'agissait, dans leur pièce, de montrer tous les avantages qu'un piéton intelligent pouvait tirer aujourd'hui du simple fait d'avoir été heurté par une voiture automobile. On entrevoyait déjà une pièce sur les accidents du travail, sur les médecins marrons ; c'était mal connaître la virtuosité et le talent des auteurs d'*Oiseaux de passage* et de *la Clairière*. Il est fort possible, du reste, que ce sujet ait été pour eux un point de départ, mais combien il est amusant de constater, à ce propos, l'extraordinaire différence qui existe entre certaines œuvres mortes et d'autres œuvres, vivantes celles-là, qui vivent comme de véritables enfants et échappent au contrôle de leurs auteurs ! Dès que l'on crée quelque chose de vivant, et c'est le cas, on ne sait point où le sujet vous mènera.

» Disons tout de suite que Virginie a conduit ses auteurs au succès...

» Cette comédie de mœurs modernes, si complète sous ses apparences légères, est un modèle de style français, je veux dire de clarté, de souplesse et d'apparente facilité. C'est le beau dialogue d'autrefois que nous retrouvons avec joie dans cette œuvre nouvelle, la pure langue qui, de Voltaire à Flaubert, a su poser les plus graves problèmes humains avec esprit et comme en se jouant. »

Dans *Candide*, M. Lucien Dubech, rappelant le mot de Sully qui nommait labourage et pâturage les deux mamelles de la France, qualifie mœurs et caractères d'uniques mamelles de

l'art dramatique, et c'est pourquoi cette pièce lui paraît d'une telle qualité :

« M. Donnay et M. Descaves ne nous en voudront point si nous les appelons des vétérans. Le vétéran était à l'origine le légionnaire qui a obtenu son congé au terme de son service. Puis, par extension, ce fut le soldat qui a longtemps servi. La vie est courte, et depuis *la Clairière* et *Oiseaux de passage*, M. Donnay et M. Descaves s'intéressent à la société où ils vivent. On ne le rappelle que pour les citer en exemple. On a remarqué, lorsqu'un théâtre a remonté *le Retour de Jérusalem*, que cette pièce intéressait comme au premier jour parce que, à travers un conflit de sentiments et de caractères développé dans une intrigue bien menée, elle fixait quelques-uns des traits accusés d'une époque. Au lendemain de la guerre, on fit honneur à M. Donnay d'aborder le premier dans *la Chasse à l'homme* la peinture des mœurs que les circonstances venaient de mettre en relief. C'est une louange de cet ordre que méritent aujourd'hui les auteurs de *l'Ascension de Virginie*.

» Voilà un sujet de comédie. Ces vieilles gens qui divorcent, cette jeune femme qui mêle le fruit du travail aux profits de l'amour, ce subtil dosage grâce auquel elle change de classe sous nos yeux, ces nuances dans la manière de traiter le plaisir, le travail, le cœur, les affaires, la morale, selon qu'on appartient au peuple ou qu'on s'en détache pour passer parmi ceux qui possèdent la fortune à défaut du bonheur, c'est occasion de crayonner une suite d'études légères de caractères et de mœurs, qui vont plus loin que le laisseraient à penser l'allure détachée et le ton pris par les auteurs. » ...

M. Antoine, dans *l'Information*, souligne lui aussi la façon dont la légèreté du ton s'allie à un sujet plus grave :

« La collaboration renouée des deux maîtres de *la Clairière* et d'*Oiseaux de passage* devait nous valoir un ouvrage d'un intérêt inaccoutumé et notre espoir ne fut pas déçu avec leur nouvelle comédie. MM. Maurice Donnay et Lucien Descaves n'eurent point l'ambition d'étudier quelque grand problème social ; tout bonnement, ils ont voulu nous amuser et y ont parfaitement réussi.

» Et, cependant, tout en se tenant sur le plan plus accessible de la comédie gaie, leur fantaisie, que ne refroidit pas une observation toujours solide, s'élargit vers la comédie de mœurs. Leurs légers et plaisants personnages gardent une vie véritable. D'abord, en situant leur anecdote dans les milieux bourgeois d'après guerre, ils ont peint des figures que l'on ne voit pas souvent à la scène, et leur personnage central, l'aimable Virginie, est un type extrêmement étudié de jeune ambitieuse en route pour l'ascension sociale, comme tant de femmes d'aujourd'hui. Il en résulte une pièce solide, plaisante par le ton et l'esprit du dialogue, mais qui, après nous avoir beaucoup amusés, nous laisse l'impression d'avoir tout de même entendu des choses sérieuses. Le succès a été extrêmement vif, accentué encore par une rare interprétation, de sorte que l'Ascension de Virginie ne s'arrêtera pas de longtemps. »

Pour M. Nozière, de l'Avenir, le sujet de l'Ascension de Virginie eût été « digne de Becque », mais les auteurs ne l'ont pas traité avec l'âpreté du grand satirique et ils ont volontairement « gardé le sourire ».

C'est aussi ce que constate, dans les Annales, M. Gérard Bauer en reconnaissant que le postulat est « savoureux » et que « M. Maurice Donnay y a su mettre l'esprit, M. Lucien Descaves, la délicatesse d'observation dont ils étaient l'un et l'autre capables ».

M. André David, dans Gringoire, félicite les auteurs d'avoir peint « avec légèreté et bonne humeur une image des mœurs de notre époque en soulignant les ridicules avec beaucoup de fantaisie » :

« Si le public prend un grand plaisir à écouter cette piquante aventure racontée par des écrivains qui connaissent aussi l'art de semer dans leur texte des mots d'esprit, c'est qu'il retrouve moins la caricature que la peinture d'un monde nouveau, insouciant, pressé d'arriver, assez immoral et souvent peu scrupuleux. Des personnages frivoles comme le sont les La Guithardière, on en rencontre tout le temps à Paris. Et leur vérité ajoute beaucoup à la psychologie de leurs caractères. »

Au jugement de M. Pierre Veber, du Petit Journal :

« Il y a des passages charmants dans cette comédie un peu amère. C'est écrit avec beaucoup de finesse et de malice. »

M. Franc-Nohain, dans l'Echo de Paris, s'étonne d'abord que MM. Maurice Donnay et Lucien Descaves, dont la collaboration nous avait accoutumés à des pièces d'une portée sociale, se soient divertis à une comédie légère qui est presque un vaudeville. Il ajoute toutefois :

« Mais pourquoi n'auraient-ils pas le droit de se divertir et de nous divertir en même temps ? Aussi bien, quand il s'agit d'esprits aussi avisés, délicats et fins, le divertissement ne saurait manquer d'être un divertissement de qualité et qui, par instants aussi, donne à réfléchir... »

M. Paul Reboux s'attarde à raconter dans Paris-Soir cette « bien jolie histoire », puis il s'excuse :

« Voici qu'il me reste bien peu de place pour dire le mérite qu'y ont fait paraître M. Maurice Donnay, toujours spirituel, et M. Lucien Descaves, toujours artiste, humain, profond. Les dons brillants de l'un, les qualités d'émotion de l'autre s'attestent tour à tour en cette comédie d'un savoir-faire éprouvé. »

M. Ginisty, dans le Petit Parisien, proteste discrètement contre l'image à son gré un peu excessive que les auteurs offrent de notre bourgeoisie :

« Un érudit des temps futurs, voulant tracer un tableau de mœurs de notre époque, trouvera sans doute extrêmement documentaire cette comédie, et, de sa lecture, dans quelque bibliothèque où il aura fait des fouilles, tirera dogmatiquement des conclusions, qui seront naturellement excessives, sur le mariage tel qu'il était pratiqué dans la première moitié du vingtième siècle, parents et enfants ne le prenant pas très au sérieux... Mais, sans nous résigner à ces conjectures, et en restant dans le présent, constatons seulement qu'il s'agit d'une pièce fort agréable, brillante et spirituelle. »

Pour M. Benjamin Huc, de la Victoire :

« C'est à la fois une étude des mœurs de notre époque et une comédie de caractère, comédie émaillée de bons mots et de traits comiques de la meilleure verve, logiquement et rapidement menée. »

D'après M. Edmond Sée, de l'Œuvre :

« Cette comédie, signée de deux noms illustres, a bien de quoi plaire au public. Il trouvera, ici, des mots des mots d'esprit, prodigués avec une générosité inlassable, des traits d'observation, des silhouettes joviales et même une jolie petite esquisse de mœurs d'un personnage féminin fort plaisant. »

Le tempérament différent des deux auteurs inspire à M. Charles Méré, d'Excelsior, ces réflexions :

« Ce fut plaisir raffiné de dilettante que de chercher dans cette comédie, qui tient de la grande tradition boulevardière, à discriminer la part personnelle apportée par ces deux grands noms dont la maîtrise est faite de talents si diamétralement opposés. On s'est plu, dans cette peinture attachante de la bourgeoisie moderne, à voir se côtoyer, avec une telle habileté que la fusion est complète, la finesse et le parisianisme de l'éminent auteur d'Amants et du Retour de Jérusalem, alliés à cette pointe d'esprit montmartrois qui semble faite pour démontrer que Maurice Donnay ne cherche jamais à renier la collaboration glorieuse qu'il apporta au Chat Noir, et la psychologie plus âpre, mais si puissante, du remarquable écrivain auquel nous devons le Cœur ébloui, entre autres œuvres de valeur. »

Enfin, dans l'Intransigeant, où, pour cette fois, il tenait la plume à la place de M. Descaves, M. René Bizet écrit :

« Voilà une très jolie pièce, gaie, fine, d'une verve franche, pleine de traits heureux et qui, sous ses dehors plaisants, vaut bien une de ces pièces dont on dit qu'elles font penser. On imagine bien que deux collaborateurs à qui l'on doit deux œuvres sociales de grande classe comme la Clairière et Oiseaux de passage savent, même quand ils veulent amuser, dire quelques vérités à leurs contemporains. Cette fois, ils ont choisi le mode léger pour railler la bourgeoisie d'affaires, et ils ont trouvé un sujet qui se prêtait à merveille à leurs desseins.

» On voit tout de suite les prétextes à ironies, à scènes à la fois charmantes et malicieuses, à peintures de caractères qu'ont trouvés là les auteurs. Le personnage de Virginie entre autres, son adaptation facile et rapide aux milieux où elle vit successivement, tout ce qu'il reste en elle du peuple d'où elle vient, tout ce qu'elle acquiert de la bourgeoisie où elle va, est fait de mains de maîtres. C'est un plaisir que de s'égayer à cent répliques spirituelles, que d'entendre un dialogue jeune qui ne brave ni l'honnêteté ni le respect qu'on doit à notre langue et que de se sentir dans notre époque avec de bons juges. »

**

En tête de l'interprétation, Mlle Renée Devillers, dont le talent s'affirme chaque jour, fait preuve d'une finesse d'intelligence, d'une diversité de composition dans ses aspects successifs et d'un naturel qui suffiraient à séduire le public. Mme Jeanne Cheirel, à son habitude, prête sa verve et son débordement de vie à un personnage effervescent. Le beau-père et les deux gendres sont représentés par MM. Lucien Baroux, Charles Dechamps et Géo Leclercq, avec pittoresque, animation et drôlerie. M. Berthier, qu'on regrette de ne pas voir davantage, esquisse une parfaite silhouette du vieux jardinier ; Mmes Ritou Lancyle, Antoinette Payen, Andrée Delaval, Camille Solange, M. Henry Prestat et le noir Al-Bala s'acquittent excellemment des autres rôles.

ROBERT DE BEAUPLAN.

Virginie.   La Guithardière

Virginie.   Eve.

En haut, Virginie : « *Je travaille, vous savez ; même un petit garage, ça ne marche pas tout seul.* »
ACTE III, Scène III, page 28.

Au milieu, Lyrisse : « *Tiens, avant de venir ici, je suis passé chez le carrossier pour ton cabriolet... Il sera épatant...* »
ACTE III, Scène v, page 30.

En bas, Eve : « *Quoi qu'il arrive, mon enfant, gardez votre mari, gardez Coratier* » — ACTE III, Scène VI, page **31**.
Photographies Henri Manuel.

Imp. de *L'Illustration*, 13, rue Saint-Georges, Paris (9ᵉ). — Le Directeur : RENÉ BASCHET. — L'Imprimeur-Gérant : TH. HUCK.

L'ART CHEZ SOI *(3ᵉ article. 5ᵉ série).*　　　　　ATELIERS GOUFFÉ

SALLE A MANGER LOUIS XVI

CETTE salle à manger, dont la table et les chaises sont patinées, aux lignes soigneusement étudiées, que complète une grande console de marbre surmontée d'une glace jointée, est une heureuse interprétation de ce style.

Les boiseries traitées genre " vieille peinture " s'harmonisent avec l'ensemble et composent un cadre parfait.